KB240278

이 책의 출판권은 (주)두드림미디어에 있습니다.
저작권법에 의해 보호받는 저작물이므로 무단 전재와 복제를 금합니다.

청년 백수에서 억대 연봉

콜센터 팀장이 된 비결

김우창 지음

개정판

두드림미디어

전국에서 쏟아지는 독자들의 생생한 후기

"우리 김우창 작가님, 고마워요. 당월 위촉인데 센터 1등 찍고 부상으로 공기청정기 받아요. 급여는 1,300만 원 정도 될 듯해요."

〈서울 AXA손해보험, 이○○님〉

•••••

"작가님, 잘 지내시죠? 교육의 힘인지 11월 센터 1등 했어요. 센터 1등이 부동이었는데 2년 만에 제가 하게 되었습니다. 작가님 덕분이에요. 오늘 센터에 던킨도너츠 쐈습니다. 감사드립니다."

〈부산 메리츠화재, 박○○님〉

•••••

"어제 하루 만에 계약 10만 원 이상 찍고, 오늘 아침에 제 이름이 센터 1등에 올라와 있었는데…. 아직은 월초라 조금 더 달려봐야 알 거 같아요. 항상 실적이 잘해도 15등에서 20등 사이였는데, 작가님께 조금 더 배우면서 마감 때 센터 1등도 바라봅니다."

〈부산 AIA생명, 고○○님〉

"이번 달 우리 회사 전체 2등이 되어, 1,000만 원 이상 받았습니다. 작가님 덕분에 완전히 마스터되어서요. 아주 자신 있습니다. 작가님 만나면 인생이 바뀐다는 말이 맞는 거 같아요. 사실 작가님 만나기 전에는 반론이 많이 부족했는데, 이제는 완전히 날아다닙니다. 10월 급여 1,000만 원 인증입니다. 작가님 노하우라 가능하네요. 앞으로 계속 잘 부탁드려요. 8월, 9월, 10월 해서 3개월 동안 3,000만 원 받았 습니다."

〈인천 DB손해보험, 심○○님〉

• • • • •

"작가님, 오늘 다섯 건 계약했어요. 작가님의 책을 읽고 나서 일이 술술 잘 풀려요. 마법 책인 듯! 중요한 건 건당 보험료가 높아졌어요. 제가 가장 취약한 부분이었어요."

〈전라도 광주 라이나생명, 박○○님〉

• • • • •

"DB 계약으로 3등을 했습니다!"

〈경기도 남양주 AXA손해보험, 구○○님〉

"저는 전체 계약 중 암보험이 30%, 수술비가 70% 비중으로 하고 있는데, 첫 달은 월납계약금액 50만 원 정도고 둘째 달은 80만 원, 전달은 100만 원까지…. 이제 안정권으로 갈 것 같습니다."

〈인천 DB손해보험, 강○○님〉

• • • • •

"김 작가님의 가르침으로 9월 마감 잘했습니다. 진심으로 감사합니다. 저희 실에서 1등 했고요. 센터에서는 정확한 순위는 알 수 없고 5위 안에 들었습니다. 이젠 정리도 되었으니 본격적으로 공부에 매진해서 10월에는 더욱 발전된 모습 보여드릴 수 있도록 많은 지도 부탁드립니다."

〈서울 AXA손해보험, 김○○님〉

• • • • •

"작가님 오늘 처음으로 다섯 건 했습니다. 며칠 잘 안 돼서 저기 압이었는데, 처음으로 괄목할 성과가 나왔네요. 작가님 덕분입니다. 감사드립니다."

〈부산 AIA생명, 이○○님〉

"모레 오후 시간으로 면접 약속 잡았습니다. 전 회사 소득 보장 최대 4,000만 원 첫 달 지급한다고 해서요. 결과 알려드리겠습니다. 감사합니다."

〈서울 AIA생명, 김○○님〉

• • • •

"작가님, 안녕하세요. 저 월납보험료 70만 원 해서 신인 대상 받았습니다. 콜타임과 콜터치수 우수상도 받았습니다."

〈수원 동양생명, 박○○님〉

배움이 없는 노력은
허공에 발길질하는 것이다

    내가 처음 보험 콜센터에서 일을 시작했을 때 센터장님이 월례조회 때 하신 말씀이다.

    "며칠 전 뉴스에서 비행기가 추락했습니다. 몇 명이 죽었는지 아십니까? 전원 사망했습니다. 그들의 가족을 생각해보셨습니까? 상상하기 힘든 고통일 것입니다. 나는 보험을 판매하는 사람을 성군이라고 생각합니다. 가치 있는 일을 하기 때문입니다. 여러분이 판매한 보험이 한 가정을 살릴 수 있고, 자녀의 미래를 바꿀 수 있습니다. 돈을 많이 버는 것은 둘째 문제입니다. 첫째는 고객 사랑입니다."

내가 아침 일찍 일어나 출근해서 저녁까지 일해야 하는 이유를 아주 쉽게 설명해주셨다. 그때 이렇게 생각했다.

"맞다. 나는 대통령도 할 수 없는 일을 하는 가치 있는 사람이다."
"보험은 인간이 만들어낸 최상의 작품이다. 나의 상담에 고객의 운명이 달려 있다."

영화제작사 마블 군단의 <어벤져스> 영화에나 나올 법한 대사를 나는 10년 전 처음 입사할 때 생각했다. 어찌 보면 보험상담사들은 사고를 당한 고객에게는 영웅이다. 큰돈의 보험금으로 가족의 생활비를 주기 때문이다. 누가 내 가족이 사고를 당하면 큰돈을 주는가? 내가 아파서 병원에 누워 있으면 누가 나를 금전적으로 도와주는가? 아무도 없다. 가끔 병원에 문병하러 가서 음료수 한 상자 주는 것밖에 없다.

보험 콜센터에서 일한 지 10년이 지난 지금도 그분이 하신 말씀이 머릿속에서 강하게 박혀 있다. 그때의 각오는 대단했지만, 실적은 꼴등이었다. 아무리 노력을 해도 실적이 좋아지지 않았다. 문제는 바로 배움에 서툴렀기 때문이다. 배울 생각은 없고 열정만 가득하면 생기는 폐단이 있다. 시간이 지나면서 점점 그 열정이 식어가고 나중에는 포기하고 싶은 생각이 든다는 것이다.

그래서 나는 배움에 투자하기로 했다. 내가 보험 상담을 잘하기 위해 100권의 상담 책을 읽고, 영업 고수들을 찾아다니면서 비싼 수강료를 냈다. 배움에 열정적으로 투자한 후 가장 먼저 나타난 변화는 잘 못하고 있는 부분을 스스로 알게 된 것이었다. 상담할 때 가장 중요한 것이 강한 클로징(계약체결 시 마지막 단계)과 고객 입장에서 생각하는 것이다. 아무리 설명을 잘해도 클로징이 없고 내 입장만 고수한다면 그 계약은 물 건너간다. 종일 일하고 성과는 없어진다. 그 방법은 책 속에 다 넣어놓았다. 꼭 읽어보길 바란다.

만약 여러분이 상담을 하면서 억대 연봉에 관심이 있다면 반드시 말해주고 싶은 것이 있다.

"10년 고생할 것을 이 책을 자세히 공부하면 1년이면 해결됩니다."

이것은 내가 경험한 것이기 때문에 자신 있게 말할 수 있다. 너무 많은 상담원이 얼마 일하지 않고 그만두는 것을 보았다. 너무 안타까웠다. 여러분은 그런 사람이 되지 않기를 바란다.

내가 경험한 보험 콜센터는 전쟁터다. 총 쏘는 법, 레펠 타고 내려오는 법, 낙하산 타는 법 등을 알지 못하면 살아남을 수 없다. 전쟁에서 승리하는 방법은 체계적인 훈련을 받는 것이다. 미국의 특수부대 네이비실(Navy SEALs)은 아니더라도 기본적인 훈련은 받아야 한다. 이 책은 당신을 승리자로 만들어줄 것이다.

처음에 나에게는 그런 훈련을 해주는 사람이 없었다. 그래서 엄청나게 고생했고, 그만두려고 수십 번은 생각했다. 하루에 한 건의 계약을 성사시킬까 말까 하는 월급 150만 원 받는 최하위권 상담사였다. 내가 상담하면 고객들은 항상 이렇게 대답했다.

"보험? 먹고살기 힘들어 죽겠는데 뭔 보험이야?"
"딴 데 가서 알아보세요."

하루에 상담을 3시간씩 하는데 실적은 '0건'이었다. 나의 몸은 완전 녹초가 되었다. 상담 시간이 길어지니 목이 아파서 병원을 들락날락하고, 1시간 동안 힘들게 계약한 고객은 "안 할 거예요."라고 해지해버렸다. 이런 과정을 겪으면서 당장 그만두고 싶은 생각이 치밀어 올랐다. 그래서 많은 상담사가 1개월을 못 버티고 다른 곳을 전전하는 이유를 이해할 수 있었다.

어느 날 나는 칠판에 붙어 있는 전체 상담사 실적표를 보면서 생각했다. '어떻게 저 사람들은 매달 몇천만 원씩 가져갈까?', '이왕에 들어온 거 무라도 썰어보자!'라는 심정으로 1년 동안 나는 배움에 투자했다. 만약 이런 생각이 없었다면 지금의 나는 없었을 것이다. 여러분은 이 책 한 권만 보면 100권의 책을 보는 효과를 볼 수 있을 것이다. 모든 노하우가 다 담겨 있기 때문이다.

내가 만약 매달 돈 버는 것에만 매달려서 배우는 것은 뒷전이었다면 아마도 벌써 그만두고 다른 직장으로 갔을 것이다. 아니면 돈 많이 버는 주식이나 부동산, 비트코인 같은 것을 하다가 망했을 수도 있다.

내가 배움에 많은 돈을 투자하고 10년 동안 최선을 다해 일하면서 이 책을 쓴 이유는 딱 2가지다.

첫 번째는 '보험 콜센터에 오는 신입사원들이 나와 같은 고통을 겪지 않게 하는 것.'
두 번째는 '정년이 없는 평생직장인 보험 콜센터를 널리 알리는 것.'

지금 대한민국의 가장 큰 문제는 평생 다닐 직장이 없다는 것이다. 아침부터 저녁까지 뼈 빠지게 일해도 돌아오는 건 정년퇴직이다. 나가라고 하면 나가야 한다. 매년 치킨집이 그렇게 많이 늘어나는 이유다. 경쟁이 너무 치열해 대부분이 다 망하기 일보 직전이라고 한다. 하지만 보험 콜센터는 잘만 배워놓으면 70세가 되어도 누가 집에 가라고 하지 않는다. 평생 매달 1,000만 원씩 벌 수 있는 유일한 직장인 것이다.

취업을 준비하는 여러분이 이 책을 보면 나와 같은 실수를 하지 않을 것이다. 처음 상담을 시작할 때 영풍문고, 교보문고, yes24 등 다 뒤져봐도 보험 콜센터에 대해 이렇게 자세하게 노하우를 담은 책은 없었다.

재취업을 준비하는 분들과 경력단절 주부들에게도 큰 도움이 될 책이라고 확신한다. 여러분도 배움에 투자하라. 그럼 나처럼 고생하지 않아도 단기간에 보험 콜센터 상위권 상담사로 갈 수 있을 것이다. 이것은 마치 대치동에서 수능시험을 보는 학생들이 족집게 과외를 듣는 것과 같다. 이 책은 상담 신입부터 억대 연봉 상담사까지 단계별로 노하우를 담아놓았다. 부디 이 책이 여러분의 인생에 큰 도움이 되길 바란다.

김우창

목차

1장 뭔가 잘못된 내 인생, 그때 깨닫지 못했던 것들

2장 텔레마케터, 어디서부터 어떻게 시작하죠?

1장

뭔가 잘못된 내 인생,
그때 깨닫지 못했던 것들

지금부터 내가
행복해지는 삶을 살아야겠다

· · ·

"인간의 가장 놀라운 특성은 마이너스를 플러스로 바꾸는 힘이다."

– 알프레드 애들러(Alfred Adler) –

행복을 모르면 평생 일의 노예로 살게 된다

"형, 미국에서 왔는데 선물 좀 들고 왔어야 하는 거 아니야?"

내 동생은 미국에서 빈털터리로 돌아온 나에게 이렇게 말했다. 농담 섞인 진담이었다. 사실 나는 미국에 갈 때 유학 간다고 지인들에게 자랑했다. 내가 나온 대학교 교수님들은 모두 축하해주셨다.

"우창, 후배들에게 좋은 모범이 되도록 잘하고 와, 돌아오면 교수 자리도 준비하면 되니까 유학하는 것이 많은 도움이 될 거다. 열심히 공부하면 너도 할 수 있어. 다 잘될 거야."

나중에 미국에서 들은 이야기는 모교에서 정문에 "축 해외 취업"이라는 현수막을 설치해주었다고 한다.

나는 미국에 있는 동안 한국에 있는 집으로 돌아갈 생각이 없었다. 너무 주변에 떠벌려놔서 '이거 이대로 돌아가면 욕만 엄청나게 먹겠다.'라는 생각이 들었다. 하지만 더 미국에 있기에는 몸도 마음도 많이 지쳐 있었던 터라 바로 귀국을 결심하게 되었다. 하지만 뒤에서 이야기하겠지만 지인에게 사기도 당하고 사업도 부도가 난 상태라 바로 집으로 갈 용기가 안 났다.

대체 무엇이 문제였을까? 미국에서 정말 하루하루 열심히 일하고 지각도 안 하고 쉬는 날도 없이 일했다. 요리하다 왼쪽 엄지손이 칼에 깊게 베여 피를 뚝뚝 흘리면서도 붕대를 감고 일했고, 일하다가 전기가 나가도 휴대폰 조명으로 비춰가며 일했고, 밥 먹을 시간이 없어서 서서 끼니를 때우며 일했다. 손님들이 원하는 것이라면 온 힘을 다해 초밥을 만들었다. 그렇게 6년을 일한 결과가 망한 모습으로 귀국하는 것인가?

"그 시간에 그 돈을 써서 이런 결과라면 차라리 놀고먹으면서 여행이나 다닐 걸."

정말 그 시간이 너무 허무했다. 내 인생은 왜 결과가 없는 인생인가? 너무 서럽고 억울했다. 마치 수능시험에서 정답을 다 아는데 밀려써서 0점을 맞은 기분이었다. 정말 황당했다.

장래희망보다 더 중요한 것, 나는 지금 행복한가?

아버지는 망해서 돌아온 나에게 이런 말씀을 하셨다.

"너 마음 아픈 거 다 안다. 너무 신경을 쓰지 마라. 젊으니까 아직은 괜찮다."

나에게는 망해도 받아줄 가족이 있었다. 사실 내가 집안의 장남이다 보니 부모님이 기대를 많이 하셨다. 그래서 내심 스스로 뭔가를 이루어야 한다는 강박이 나를 지배했다. 그것이 화근이었던 것 같다. 나 자신에게 솔직하지 못했다. 그것이 실수였다. 내가 좋아하지 않는 일은 하면 할수록 피곤하고, 하면 할수록 열정이 식는다. 이를 아는 방법은 아주 간단하다. 나에게 물어보면 된다.

'당신은 현재 행복한가? 내일이나 10년 후 말고 지금 행복한가?'

내가 한국에 돌아와 한 가지 결심한 것이 있다.

'앞으로는 나를 행복하게 하는 일이 아니라면 절대 하지 않겠다. 장

남이라는 굴레에 갇혀 내 인생을 다시는 허비하지 않을 것이다.'

세계 최고의 행복지수를 가진 덴마크에서는 자녀에게 절대 물어보지 않는 말이 있다고 한다. 바로 '장래희망'이라고 한다. 우리나라는 부모가 어렸을 때부터 의사, 판사, 검사 등 엘리트가 되라고 가르친다. 어릴 때부터 세뇌한다. 하지만 덴마크인들은 절대 세뇌하지 않는다. 그것이 아이를 얼마나 고통스럽게 하는지 알고 있어서였을까? 아이가 가진 재능을 스스로 발견하고 거기서 행복을 느끼게 하는 교육을 지향한다. 아이가 자신의 미래를 선택하게 하는 방식이다. 그러니 어찌 행복하지 않을 수 있을까?

난 그때 내 머릿속을 스치고 지나가는 한 줄기 빛을 보았다. '아, 행복은 스스로 나를 가두는 감옥을 탈출하는 데서 시작되는구나.'라는 지혜를 덴마크인들을 통해 배우게 되었다.

내가 배워야 하는 것은 뭔가를 이뤄야 한다는 목적이 아니라, '지금 행복한가?'이다.
당신은 지금 행복한가? 아니면 아침에 마지못해 출근하는 사람인가? 정말 일을 하고 싶어 열정적으로 사는 사람인가?

그때의 그 결심은 내가 지금 콜센터에서 행복하게 일하도록 만들어 주었다. 그리고 수입도 늘어날 수 있도록 노력하게 하는 결정적인 원인 제공을 해주었다. 처음에 콜센터에 들어가면 계약을 많이 하지 못한다. 그것은 당연하다.

먼저 행복해져야 상담을 잘하는 것이다

그때 나는 이렇게 결심했다.

"일단 행복해지자, 처음부터 잘하는 사람은 없다, 내가 행복해야 좋은 상담을 할 수 있다."

그 효과는 엄청났다. 기분이 안 좋았던 고객들도 나와 통화하면 웃음꽃이 활짝 피어났고, 계약을 취소한다는 고객들도 내가 항상 기뻐하는 모습을 보여드리니 그냥 한다는 말씀도 해주셨다. 설계사님이니까 하는 거라는 말씀도 해주셨다.

그렇다. 행복은 전염되고 무척 힘이 세다. 내가 말하려는 것은 행복하면 성공한다는 말이 아니다. 행복으로 인해 상담이 즐거워지고 저절로 더 열심히 하려는 생각이 든다는 점이다. 주변 친구들을 보라. 가진 것은 없어도 어려운 가정형편에서도 항상 웃음을 잃지 않고 꿋꿋하게 살아가는 친구는 좋은 친구다. 가까이하면 할수록 좋은 일들만 일어난다. 반면에 가진 것은 많아도 항상 더 가지지 못해 불만이고 부정적인 생각을 하는 친구는 빨리 정리하는 게 좋다. 인생에 마이너스가 되기 때문이다.

내가 행복할 수 있는 상담을 하자. 주변의 많은 상담사들이 나를 좋아해 주었다. 미국에서의 큰 깨달음은 상담할 때 큰 도움이 되었다. 상담을 잘해야 행복한 것이 아니라 먼저 행복해져야 상담을 잘하는 것이다. 먼저 행복해야 몸이 움직인다. 맛있는 핫도그를 먹고 싶은 생각에 행복해져야 몸이 움직이고, 라면 먹는 생각에 행복해져야 라면을 끓이도록 발이 움직이는 것이다. 불행에 익숙해져 있는 사람은 행복을 상상도 못 하고 산다. 요즘 방구석에 처박혀 나오기 싫은 사람이 많다는 뉴스를 본 적이 있다. 매우 슬픈 일이다. '집단 우울증에 걸린 것이 아닌가?'라는 생각도 든다.

우리가 돈을 버는 목적이 무엇인가? 다름 아닌 사랑하는 사람과 행복하게 삶을 사는 것이다. 만약, 그때의 결심이 없었다면 아마도 직업을 가졌을지는 몰라도 행복하지 않았을 것이다.

내가 잘하는 것, 내가 좋아하고 행복해지는 일을 선택하는 것은 저절로 되지 않는다. 마음에 드는 여자에게 다가가는 것처럼 용기가 필요하다. 여러분이 용기를 내지 못한다면, 그것은 행복하고자 하는 열망이 없는 것이다. 아니면 불행에 너무 익숙해져 있기 때문일 수도 있다. 그 속에 너무 오래 있지 말기를 바란다. 지금 당장 행복으로 나오는 선택을 해야 한다. 왜냐하면 당신은 무척 귀중한 존재이기 때문이다.

나의 문제는 행복하고자 하는 노력의 부재였다. 남의 행복을 위해 나를 희생하는 것은 더는 하지 않을 것이다. 앞으로 다시는 같은 실수를 반복하지 않을 것이다. 누군가 나에게 콜센터에서 성공 비결을 물어본다면 이렇게 대답하고 싶다.

"먼저 행복해지세요. 행복은 성공을 향해 달려가게 하는 힘을 줍니다."

미혼모, 성폭행, 마약을 이겨내고 성공을 이루어낸

오프라 윈프리(Oprah Gail Winfrey)

오프라 윈프리는 현재 미국에서 가장 영향력 있는 연예인이며, 〈타임〉지 선정 20세기 영향력 있는 인물 100명에 들어가 있다. 연예인 가운데 최고의 재산을 가진 억만장자로, 1년에 1,500억 이상의 수입을 올리고 있다.

하지만 그녀에게도 아픈 과거가 있었다. 오프라 윈프리는 가난한 미혼모의 딸로 태어나 할머니 손에서 자랐으며, 삼촌에게 성폭행을 당해 14세에 출산과 동시에 미혼모가 되었다. 아기는 2주 만에 죽게 되었고, 오프라 윈프리는 그 충격으로 마약에 손을 댔다. 100㎏이 넘게 살이 찌는 등 삶을 포기하려고 생각했다. 세상에 오프라 윈프리보다 더 고통스러운 삶이 있을까?

그녀가 대단한 이유는 자신을 무너뜨리려 했던 수많은 고난을 이겨냈다는 점이다. 1984년에는 WLS-TV 아침 토크쇼를 맡게 되었고, 1985년 <오프라 윈프리 쇼>로 개명해 그때부터 시청자들을 사로잡았다. 현재 ABC에서 방영되는 오프라 윈프리 쇼는 1,500만 명의 고정 시청자를 가지고 있다.

그녀는 현재의 행복한 삶을 이루게 된 비결로 '독서'와 '감사일기'를 꼽았다. 독서를 통해 꿈을 발견하고 미래를 바라볼 수 있었다고 밝히며, 매일매일 감사일기를 통해 감사하는 연습을 했더니 모든 것을 얻을 수 있었다고 전했다.

그녀의 책 《내가 확실히 아는 것들》에서 그녀는 우리에게 이렇게 말하고 있다.

"나는 소소한 것에 감사하는 마음을 가지기 시작했고, 더 많이 감사할수록 내가 받은 은혜도 풍부해졌다."

다시는 그런 실수를
하지 않을 것이다

· · ·

"시작하는 방법은 그만 말하고 이제 행동하는 것이다."

– 월트 디즈니(Walt Disney) –

준비 없는 인턴십, 내 인생의 가장 치명적인 실수

"미국 뉴욕 쪽에 엄청나게 큰 카지노호텔이 있는데, 거기서 인턴십 할 사람을 뽑는대. 돈도 벌면서 경력도 쌓고 여행도 다닐 수 있다고 하던데, 한번 신청해볼래?"

호텔에서 일하는 나에게 동료가 나에게 해준 말이다. 호텔 비자를 받으면 월급도 받으면서 영어도 배울 수 있고 매주 여행도 할 수 있다는 이야기에 귀가 쫑긋했다. 미국여행을 가려면 왕복 항공료만 200만 원인데 마침 잘되었다. 급여조건도 아주 좋았다. 일주일에 500달러. 한 달에 300만 원 조금 안 되게 벌었다. 사회초년생인데도 말이다. 미국에 해외 취업이라는 꿈에 취해 며칠 동안 일이 손에 잡히질 않았다. 우여곡절 끝에 미국에 도착했다. 그곳에서는 내 인생의 가장 큰 실수가 나를 기다리고 있었다.

미국에 처음 도착하고 적응 기간에 문제가 발생했다. 주문한 음식이 아니라 엉뚱한 음식이 나오기 일쑤였다. 주문서를 넣으면 되는데 바쁘다 보니 말로 하는 경우가 있다. 영어 주문을 잘못 알아들어 엉뚱한 음식이 나오니 매니저가 화가 많이 난 것이다. 문제는 발음이었다. 몇 번을 한국으로 돌아가라고 욕을 먹었다. 정말 비참했다. 나의 자존심을 뭉개는 말들은 어찌나 잘 들리는지…. 내가 굳이 말하지 않아도 여러분이 영화에서 많이 들어본 말들이다. 나는 대형 냉장고 속에서 생각했다.

"내가 미쳤지, 강남에서 제일 좋은 호텔을 그만두고 미국에 왜 왔을까?"

"내가 미국인들 계란프라이하고 샌드위치를 만들려고 여기 왔나?"

발음의 문제는 아무리 노력해도 고쳐지지 않았다. 과일 중에 사과는 한국식 영어로 애플이다. 하지만 미국식 영어는 "애~포~우울"이라고 부른다. 바나나도 "버~내~너"라고 부른다. 이런 식이니 나는 영어를 다시 발음부터 공부해야 할 판이었다.

또 한 번의 실패, 준비 없는 식당 창업

그렇게 인턴십을 다 마치고 난 후에 같이 일하던 형님이 내게 말했다.

"너 LA에 같이 갈래? 거기서 일식당을 오픈하는데 너랑 같이 하면 잘할 수 있을 거야."
"한번 해보지 뭐."

다음 우리 목적지는 LA였다. 공항에서 내리니 큼지막한 야자나무들이 우리를 반기고 있었다. 그리고 우중충한 날씨가 맘에 들었다. 말로만 듣던 LA 한인타운에 입성하게 된 것이다. 그날 밤 우리는 축하파티를 열고 LA에 입성한 것을 자축했다. 미국 식당을 LA 한인타운에서 지인과 함께 식당을 운영하게 된 것이다.

메뉴를 짜고 광고도 하고 한동안은 매출도 좋았다. 하지만 문제가 생기기 시작했고, 곧 그 레스토랑은 잘못된 경영으로 완전히 망하게 되었다. 그 당시 40만 달러면 큰돈이었다. 여기저기서 자금을 마련해서 일식당을 운영했는데 손님도 없고, 다음 사장에게 레스토랑을 넘겨줘야 했다. 완전히 망한 것이다.

장사의 기본은 단골이다. 사람들에게 좋은 음식을 주고 고객들이 맛있어서 2번 오고, 3번 오고 그것이 몇 년이 지속되면 단골손님이 된다. 이것이 음식 사업에서 가장 중요한 선순환 구조다. 오는 사람이 또 오고 또 오는 구조 말이다.

하지만 나는 사업을 하면서 그것이 보이지 않았다. 오로지 이번 달에 나가야 하는 임대료, 인건비만 생각했다. 그러자 돈 욕심이 생겨 실수를 저지르고 말았다. 식당에 쓰는 소스나 생선 같은 중요한 재료도 중국산 저렴한 것을 사용했다. 나는 이것이 얼마나 잘못된 일인지를 몰랐다. 그렇게 몇 년 만에 바로 문을 닫게 되었다. 나에게는 큰 시련이었다.

내가 만약 그때 '단골손님 확보'라는 명확한 목표를 가지고 사업을 했다면 정말 유명한 일식당이 되었을 것이다. 그때는 20대 후반이라 너무 어렸다. 경험이 없다 보니 그런 실수를 한 것이었다.

실수를 만회하는 최고의 방법, 최상의 서비스를 제공하는 것

그때의 교훈 덕분에 지금 일하고 있는 콜센터에서 고객을 상대하는 방법에 대해 많은 깨달음을 얻게 되었다.

"식당에서 단골은 콜센터에서 기계약자다."

"아끼면 망한다. 고객에게 아낌없이 베푸는 사람이 되자."

"내가 줄 수 있는 최대한의 것으로 대접하자."

"음식점에서 재료를 아끼다가 망했다. 콜센터의 재료는 고급 스크립트와 고객에게 손해를 보지 않게 하는 특급 비결 상담이다."

고급호텔을 예약하려며 비싼 돈을 주어야 한다. 왜 그런가? 고급호텔에서 돈을 주는가? 아니다. 그들은 고급스러운 말투, 대접받는 듯한 인사, 최상의 객실, 맛있는 음식을 제공해준다. 그럼 고객들의 지갑은 저절로 열리는 것이다. 이것은 콜센터에서도, 일반 식당에서도, 백화점에서도, 기업체에서도 그대로 적용된다. 고객의 지갑을 자동으로 열리게 하려면 최상의 서비스를 제공해야 한다. 내가 미국에서 실패한 이유가 바로 이것이다. 나는 그렇게 하지 못했다. 그래서 망했다. 고객에게 최고의 친절과 최고의 보장을 전달하겠다는 열정이 없었다. 돈보다 더 가치 있는 것을 고객에게 전달하는 것, 그것이 내가 미국에서 망하고 돌아와서 깨달은 엄청난 가치다.

미국에서의 경험은 나에게 큰 성공의 디딤돌이 되어주었다. 그런 경험이 없었다면 지금의 나는 없었을 것이다. 콜센터에서는 다시는 그런 실수하지 않으려고 피나는 노력을 했다. 일찍 일어나 운동도 하고, 신문 보고 스크랩도 하고, 비싼 강의도 들었다. 최고의 상담을 하기 위해서다. 눈코 뜰 새 없이 바쁘게 생활했다. 며칠 밤을 새워가면서 최고의 제안서를 만들었다. 노력은 절대 배신하지 않는다는 말이 있던가? 그 결과, 나는 콜센터에서 최고의 보험상담사가 되었다.

누군가는 "왜? 미국에 갔느냐?"라고 반문하겠지만, 내 생각은 다르다. 자동차를 타고 내비게이션을 찍고 여행을 가다 보면 실수로 길을 잘못 들 때도 있다. 그럼 당황하고 스트레스를 받는 것보다 '이런 길도 있구나' 하고 즐기는 게 더 좋다. 아무리 화가 나도 돌이킬 수 없는 일이다. 내가 바보라고 100번 말해도 해결되지 않는다. 사실을 담담히 받아들여야 한다. 그것 때문에 그날의 기분을 망치는 일은 어리석은 일이기 때문이다. 미국에서의 실패는 결과적으로 나에게 큰 성공을 안겨주었다. 그때는 못 했지만 지금은 할 수 있는 말이 있다. 미국에 정말 감사하다.

수십 번의 실패를 이겨낸 미국에서 가장 존경받는 대통령

에이브러햄 링컨(Abraham Lincoln)

에이브러햄 링컨은 미국의 제16대 대통령(재임 1861~1865)이다. 미국 역사에서 노예 해방을 이룬 대통령으로 그의 업적은 대단하다. 경제학자들은 현재 미국이 초강대국이 되는 데 가장 큰 영향을 끼친 사람으로 링컨 대통령을 꼽고 있다.

하지만 그의 과거는 아주 힘든 삶의 연속이었다. 가난한 구두 수선공의 아들로 태어나 그가 9살이 되었을 때 어머니가 세상을 떠났다. 가난으로 인해 그는 학교를 9개월밖에 다니지 못했다. 22살에 사업을 시작했지만 실패했고, 23살에 주 의회에 출마했지만 낙선, 24살에 다시 사업을 시작했으나 실패해 17년 동안이나 빚을 갚았다. 그리고 27살에 신경쇠약과 정신분열증세가 나타났지만, 그는 포기하지 않았다.

29살에 의회 의장직에 나섰지만, 또 실패하게 되고 31살에 대통

령 선거위원에 나섰지만, 또 실패, 34살에 국회의원에 출마했으나 또 실패, 37살에 국회의원에 당선되었으나 39살에 다시 낙선하게 된다. 46살에 상원의원으로 출마했으나 실패, 47살에 부통령으로 출마했으나 또 낙선, 49살에 다시 상원의원에 출마했으나 실패, 51살에 미국의 16대 대통령에 출마해 드디어 당선된다.

그는 인생에서 실패를 수십 번 경험했지만, 절대 포기하지 않았다. 그는 마치 실패가 자신을 성장시킨다고 생각했던 것 같다. 그래서 지금까지 그는 미국인이 가장 존경하는 대통령으로 지금까지 칭송받고 있다.

《백악관을 기도실로 만든 대통령 링컨》에서 링컨 대통령은 이렇게 말했다.

"지금 내가 맡은 임무는 하나님이 맡기신 일이며, 단지 나는 하나님의 도구로 쓰임받고 있을 따름입니다."

모든 문제는
내 무지에서 비롯되었다

· · ·

"당신들의 모든 불행은 당신들 자신으로부터 생긴다."

– 루소(Jean-Jacques Rousseau) –

무지하면 사기당하기 쉽다

미국에 도착해 알게 된 분 중 대출 관련 일을 하시는 분이 계셨다. 호텔 근처에는 한국인이 별로 없어서 한번 만나면 동질감이 생겨 금방 친해졌다. 거의 가족같이 생각하게 된다. 외로워서 더 그랬던 것 같다. 한번은 그분이 나에게 부탁을 해왔다. 신용등급 이야기를 하며 이 대출을 갚으면 신용이 올라가고 다시 대출을 받아서 싼 이자로 해주겠다는 내용이었다. 난 단순하게 싼 이자로 더 많은 대출을 받는다는 말에 솔깃해졌다. 한 번쯤 의심해봐야 했는데 너무 자신 있게 말해서 다 믿었던 것이 화근이었다.

"이건 현금으로 해야 해요."

"'아, 그럼 얼마 드리면 될까요?"

"5,000달러를 준비해주세요. 등급이 올라가면 10만 달러까지 저렴한 이자로 받으실 수 있으실 거예요."

다음 날 아침, 그녀를 은행 앞에서 만났다. 나는 뭉칫돈을 들고 그대로 건네주었다.

"여기 있습니다."

"5,000달러 받으세요. 잘 부탁드릴게요."

"좋은 소식 있을 거예요. 걱정하지 마세요. 잘 진행해드릴게요."

태풍이 오기 전에 고요하다고 했던가? 며칠 잠잠하더니 날벼락 같은 일이 생겼다. 진행 상황을 몇 번 말해주더니 갑자기 연락이 끊어졌다.

"설마, 휴대전화를 잃어버렸겠지."

계속해서 20번, 30번 전화했으나 무응답이었다. 아니나 다를까? 바로 잠적해버린것이었다. 주변 사람들은 안타깝다고 위로해주며 말했다.

"조심하지 그랬어요. 미국은 불법 체류자가 많아서 범인을 잡기가 하늘의 별 따기랍니다."

알고 보니 그 사람도 불법 체류자였다. 한국에서 범죄를 저지르고 미국으로 도망간 사람들도 많다며 한국 사람을 너무 믿지 말라는 경고를 듣게 되었다. '그런 말을 왜 이제 하는 건가?' 땅을 치며 며칠을 공황상태로 식음을 전폐하고 방에만 틀어박혀 있었다. 아무것도 모르고 당한 내가 바보였다. 미국은 참 아이러니한 나라다. 어떻게 같은 대한민국 동포에게 사기를 칠 수 있을까….

미국은 매일 아침 신문에 총기사고로 사망한 사진이 대문짝만 하게 나는 나라다. 특히 내가 살고 있던 한인타운은 더 그렇다. 나도 그 총기사고의 가해자가 될 수도 있을 것 같다는 생각이 들었다. 분노가 용솟음치기 시작했다.

나는 며칠 공황상태가 되어 밤을 새며 이를 갈면서 살았다. 이 고통스러운 상황을 복수로 해결하고자 결심했다. '총이 있다면 진짜 만나서 쏴버리고 싶다.'라고 생각하며 나 자신을 학대하며 하루하루를 살았다. 수소문해서 찾아보고, 잡히면 충동적으로 범행을 저지를 수도 있다는 생각이 들었다. 범죄자들이 왜 그렇게 칼로 잔인하게 범죄를 저지르는지도 조금은 이해가 될 정도였다. 분노를 참을 수가 없어 달리기를 해보고, 음악도 들어보고 며칠 미친놈처럼 살았다.

믿었던 사람에게 배신을 당한다는 것보다 더 충격적인 건 내 주머니에 5달러밖에 없다는 사실이었다. 사기를 당해 울고 싶은데 당장 끼니를 해결해야 하는 일이 더 시급했다. 지구 끝까지 떨어진 기분이었다. 완전 밑바닥을 경험하게 된 것이다.

나의 무지를 알게 해준 설교 말씀

평소 교회는 잘 나가지도 않았지만, 어머니가 어렸을 때부터 해주신 말씀이 있다.

"살면서 아주 힘든 상황에 놓이면 하나님께 도와달라고 기도하렴. 반드시 도와주실 것이다."

나는 새벽 일찍 일어나 바로 교회로 달려갔다. 그리고 하나님을 원망하는 기도를 드렸다.

"하나님, 저에게 무슨 감정이 있으십니까? 도대체 왜 그러십니까?"

생전 나가지도 않던 새벽기도를 며칠 동안 나가서 기도했다. 살려달라고 말이다. 그 교회 목사님이 이런 말씀을 해주셨다. 나중에 알게 된 것인데, 영성치유 책을 많이 쓰신 그 분야의 대가셨다.

"인생의 문제는 대부분 우리의 무지에서 비롯됩니다. 무지를 극복하려면 기도하십시오. 하나님은 우리가 간절히 기도할 때 그 기도에

응답해주십니다. 성경에 히스기야 왕은 기도로 수명을 연장했습니다. 그리고 성경을 비롯한 좋은 책을 많이 읽으세요. 재능을 발견하세요. 세상에 선한 영향력을 끼치는 사람이 되십시오. 한 명이 세상을 구하는 것입니다. 구약의 모세라는 사람 한 명이 이스라엘 백성을 살렸습니다. 아브라함은 수십억 자손의 조상이 되었습니다. 한 명이 돌아서면 세상을 바꿀 수 있습니다. 하나님은 당신이 그 한 사람이 되기를 바라고 계십니다."

나를 두고 하신 말이라고 확신했다. 나는 책을 읽는 것을 굉장히 싫어했다. 그리고 기도하는 것도 무척 싫어했다. 모든 일을 내 고집대로 하는 것을 좋아했다. 그런데 모든 문제의 시작은 나의 무지에서 비롯되었다는 사실을 깨닫게 되었다. 나는 내 안의 문제를 밖에서 찾으려고 했다. 설교는 마치 나를 위해 준비된 것 같다는 생각이 들었다. 기도하면서 펑펑 울었다. 가만히 있어도 눈물이 줄줄 흘렀다.

"모든 잘못이 나의 무지에서 비롯된 것이구나!"

나는 그 교회에서 죽었다. 그리고 다시 태어났다. 몇 시간 동안 기도하고, 눈물을 쏟고 나니 기분이 후련해졌다. 그때 가진 돈이 없어 나중에 한국으로 돌아올 때 내가 가진 약 100권의 책을 기부하고 온 것도 정말 감사했다. 나의 썩어서 냄새나는 부분을 방사선 레이저로 지져버린 듯한 기분이 들었다. 처음에는 말씀을 들을 때 너무 고통스러웠고

도망치고 싶었다. 하지만 순순히 받아들이자 내게 기적 같은 일이 일어났다. 사기꾼을 생각하면 혈압이 올라가고 분노의 감정이 용솟음쳤는데, 완벽하게 미움의 감정이 사라져버린 것이다.

무지에서 벗어나면 사기당한 것도 약이 된다

만약, 그때 사기당하고 밑바닥을 경험하지 않았다면 나는 콜센터에서 사람을 더 이해하고 사랑하는 방법을 몰랐을 것이다. 콜센터는 생각보다 험한 곳이다.

"당신이 가입시킨 보험은 쓰레기야."

이런 말을 하는 고객을 진정시키고 그의 무례함을 용서하는 너그러운 마음도 있어야 한다. 이미 5,000달러를 사기당한 경험이 있기 때문에 이 정도의 고객은 좋은 고객이라고 생각하게 되었다. 이것은 큰 수확이라고 생각한다. 나는 이미 단련되어 있었기 때문에 그에 대처하는 방법도 알고 있었다.

"네, 고객님 약간의 오해가 있었나 봐요. 이 상품은 다음 달부터 판매가 종료되는(상품을 지금 꼭 가입해야 하는 이유를 말한다) 상품이고, 현재 이 조건은 가장 잘 가입하신 겁니다."

그럼 이해하고 다시 가입하겠다고 말하는 고객도 있고, 싫다고 해지해버리는 고객도 있다. 다시는 그런 사기를 당하지는 않아야겠지만, 한편으로는 정말 인생에서 중요한 깨달음을 얻게 되었다.

"검증되지 않았으면 아무나 믿지 말자."
"신중하게 행동하고 많이 알아보는 지혜를 갖자. 사업이든, 결혼이든, 회사든 말이다."

그래서인지 나는 콜센터를 들어갈 때도 신중을 기해서 들어간다.

"이 회사는 곧 망할 회사인가?"
"이 회사는 내가 능력을 최대한으로 발휘할 수 있게 해주는 회사인가?"

세상에서 가장 무서운 사람은 계속 배우는 사람이라고 한다. 왜냐하면 그러한 사람의 성장은 끝이 없기 때문이다. 미국에서의 경험은 나를 스스로 무지에서 꺼내려는 노력을 하게 해주었고, 그것은 지금도 계속 성장하게 하는 계기가 되었다. 만약 그런 경험이 없었다면 성공하기 위해 책을 읽고, 무지에서 벗어나기 위해 몸부림을 쳤을까? 그때의 경험이 나를 살렸다고 생각한다. 이것은 팩트다.

나는 습관적으로
불행을 선택했다

· · ·

"불행이 자격증이라고 생각하지 마라.
자신을 초라하게 만드는 사람은 자신의 인생도 초라해진다."

–《여자의 모든 인생은 20대에 결정된다》중에서 –

불행은 나를 지옥으로 끌어내렸다

정신을 차리고 눈을 떠보니 두 눈이 퉁퉁 부어 있었다. 어제 너무 울었던가 보다. 그리고 곰곰이 생각했다.

'이 고난의 시간에 난 무엇을 할 수 있을까?'

나를 위로해주는 것은 좋은 책밖에 없다고 생각했다. 그래서 닥치는 대로 책들을 수집하고 읽었다. 그 분야의 권위자들을 알아보고 리스트를 작성했다. 그리고 주문하기도 하고 서점에 가서 읽기도 했다 매달 10권씩 책을 구매했다. 책을 사면서 '내가 이렇게 즐거울 수 있나?'라는 생각도 들었다. 전에는 책을 한 권 사는 것도 아까워서 떨렸었는데 말이다.

이후로 나는 책에 푹 빠져 살게 되었다. 책 속에 삶의 모든 정답이 들어 있다고 믿었기 때문이다. 월급을 받으면 매달 10권, 1년 동안 120권을 읽고 또 읽었다. 평생 읽지 않던 책을 소파에 쌓아놓고 읽기도 하고, 화장실에서도 책을 읽었다. 가끔 화장실에서 책이 더 잘 읽히는 경우가 있다. 그래서 한 권을 다 읽어내려간 적도 있다. 그때는 읽지 않으면 '정말 죽을지도 모르겠다.'라는 생각이 들기도 했다.

죽을 것 같은 감정은 미움과 증오와 복수의 감정이다. 직접 그것을 겪어보니 공통점이 있었다. 모두 다 나를 죽이는 감정이다. 100번 미워하면 내가 100번 죽는 경험을 하게 된다. 100번 복수하고자 결심하면 내가 100번 죽는 경험을 하게 된다. 그럼 모든 일이 꼬인다. 사업도 꼬이고, 집안일도 꼬이고 재정적인 일도 꼬인다. 인간을 만든 창조주가 그렇게 프로그램을 심어놓았다.

주변을 둘러보라. 미워하는 감정으로 성공적이고 존경받는 삶을 사는 사람이 있는가? 하루가 멀다고 싸우는 부부가 행복한 가정을 이루는 것을 본 적이 있는가? 없다. 그래서 요즘에는 쇼윈도 부부가 많다고 한다. 마지못해서 사는 부부를 그렇게 부른다고 한다. 사랑한다는 말도 안 하는 연인들도 많다. 이유는 서로에게 상처가 많아서 그런 것이다. 참 슬픈 일이다.

그렇게 책을 읽다가 나를 살린 한 구절을 발견하게 되었다.

"무엇이 우리에게 가장 커다란 행복을 가져다줄 것인지를 알아내는 것이 중요하다. 그것은 다름 아닌 용서와 자비다."
—《용서》, 달라이 라마(Dalai Lama)

나를 고통스럽게 만들고 상처를 준 사람에게 미움이나 나쁜 감정을 키워간다면 내 손해다. 내 안의 평화만 깨질 뿐이었다. 이 책은 용서하면 평화를 찾고 행복해질 수 있다는 메시지를 전하고 있었다. 도저히 할 수 없는 선택이었지만, 내가 살기 위해서는 선택을 해야만 했다.

'그래, 사기꾼의 자식은 사기꾼이 된다. 불쌍하게 생각하자.'

'세상에 사기 치고 성공한 사람은 없다. 그 사람도 나쁜 짓 하다가 망할 것이다.'라고 생각을 바꾸기 시작했다.

불행한 상황에 지배당하지 않는 방법, 용서하기
그래서 텔레마케터가 되고 난 지금도 나는 용서와 자비를 계속 생각하는 버릇이 생겼다. 상담하면서 고객의 거절과 기분을 난장판으로 만드는 고객들을 만나도 그 생각은 계속된다. 화가 치밀어 오르고, 감정의 기복이 심해서 울화통이 터지는 일이 생겨도 태연해진다. 이것은 연습을 좀 해야 한다. 바로 되지는 않는다. 그 상황에 지배당하면 억울함과 고통으로 하루를 완전히 망치게 된다. 만약 이것이 지속되면 이런 현상도 나타난다.

'당장 때려치우고 싶다.'
'다른 데 알아볼까?'

중요한 것은 그 상황에서 빨리 용서하는 것이다. 그래야 그다음 단계인 계약을 말할 수 있게 된다. 고객과 좋지 않은 기분으로 계약을 끌어내기는 역도선수가 수영으로 1등을 하는 것과 똑같은 일이다. 불가능하다. 용서하는 방법은 여러 가지지만 먼저 내 속에서 이렇게 생각한다.

'회사에서 된통 혼났나 보다. 얼마나 힘들었으면 나에게 그런 말을 했을까?'
'자녀가 카드를 300만 원을 썼나 보군. 힘들었겠다.'
'주말부부라서 그런 걸 거야.'

이런 식으로 고객의 입장으로 들어가보는 것이다. 엄청난 효과를 볼 수 있다. 나와 아버지 사이에는 수십 년 동안 깊은 갈등의 골이 있었다. 이런 방법으로 아버지의 입장을 보면 '왜 그때 나를 그렇게 때리셨는지, 왜 그때 나를 쫓아내셨는지'를 이해할 수 있게 된다.

이제는 바보같이 불행을 선택하지 않을 것이다. 모든 것이 나의 잘못된 선택이었다고 인정하고 싶다. 세상은 내가 베푼 데로 돌려주는 것뿐이다. 앞으로 나에게는 용서와 사랑만 선택하기로 했다. 쉬운 일은 아니었다. 하루하루 조금씩 변해가는 내 모습을 바라보면서 뿌듯함과 성취감을 느끼게 되었다. 그러면서 많은 사람과의 관계는 더욱 돈독해졌고, 수입도 자연히 늘어나게 되었다. 나를 미워하던 사람들도 나를 이전보다 더욱 따뜻하게 대해주었다. 직장과 가정에서 많은 변화를 체험하게 되었다. 이것은 내 인생에서 가장 잘한 선택이었다.

불행한 상황은 내가 밀어낸다고 나가는 존재가 아니다. 내가 행복에 집중할 때 비로소 불행이라는 생각이 사라진다. 내 머릿속에 10개의 방이 있으면 10개의 방을 모조리 행복으로 채워야 한다. 내 경험상 그것이 유일하게 행복해지는 길이다. 그래야 프로그램을 볼 때 웃는 것에만 집중하게 된다. 그 상황에 10개의 방이 모두 개그로 채워져 있기 때문이다. 〈이솝우화〉에 등장하는 '바람과 태양 이야기'는 다들 알 것이다.

어느 날, 바람과 태양이 지나는 사람을 보고 내기를 했다.

"저 사람의 두꺼운 옷을 먼저 벗기는 사람이 이기는 거야."

바람은 자신 있게 말했다.

"강한 바람은 두꺼운 옷도 날려버릴 수 있지."

산에 올라가고 있는 사람에게 강한 바람을 불어내었다. 그러자 옷이 벗겨지기는커녕, 그 사람은 더욱 옷으로 몸을 감쌌다.

그러자 태양은 "이거 참, 그런 바람으로는 그 사람의 두꺼운 옷을 벗길 수 없다네. 잘 보시게나." 하면서 바람 대신 따뜻한 햇볕을 내리쬐었다. 그러자 그 사람은 따뜻한 햇볕에 너무 더운 나머지 두꺼운 옷을 벗었다. 승자는 태양이었다.

내 속에 있는 분노의 감정은 분노를 강하게 거부하면 거부할수록 도망가지 않는다. 오히려 행복한 감정에 집중하고 용서와 사랑을 조금씩 실천할 때 내 안의 분노가 자연히 도망가는 것이다.

시력을 잃고도 희망을 버리지 않은 세계 최고의 테너

안드레아 보첼리(Andrea Bocelli)

안드레아 보첼리는 1958년 9월 22일 이탈리아 투스카나에서 태어났다. 그는 12세 때 시력을 잃었지만, 좌절하지 않고 피사 대학에 진학해 법률을 전공했다. 그러다 잠시 변호사로 활동하기도 했으나 전망은 별로 없었고, 보첼리는 프랑코 코렐리(Franco Corelli)의 문하생이 되어 전문적인 음악 교육을 받으면서 음악인의 길에 들어선다.

이탈리아의 대표적인 프로듀서 말라바시는 1995년도에 그가 부른 노래에 감동해 앨범 제작을 맡았고, 이탈리아에서 보첼리는 100만 장이 넘는 밀리언셀러가 되었다. 2000년에는 한국에서 정명훈의 지휘로 조수미와 협연하기도 했다.

안드레아 보첼리는 신체적 장애와 불투명한 미래에 좌절하지 않았다. 오히려 성공에 더 가까이 가는 도구라고 생각했다. 대부분 사고로 장애를 가지면 인생이 끝난 것으로 생각한다. '내 인생은 끝났어, 차라리 죽어버릴까?' 이런 상황에서 많은 이들이 부모를 원망하고 세상을 등지고 산속으로 들어가 버리고 싶을 것이다.

하지만 그는 당당히 자신을 대중 앞에 섰다. 그리고 그의 암울한 시절을 노래로 승화시켰다. 자신의 고통을 노래로 표현한 것이다. 최근에 그의 노래 〈Time to say goodbye〉를 유튜브에서 들어본 적이 있다. 정말 황홀했다. 한번 들어보길 바란다. 마치 새가 철창에서 나와 날아가는 느낌을 받게 된다. "난 노래할 때만큼은 정말 행복하다."라는 그의 진정성 있는 절규는 깊은 애절함이 묻어 있어 사람들을 감동시킨다.

성공자와 나,
종이 한 장 차이뿐이다

. . .

"한 문화를 파괴하기 위해 책을 불태울 필요는 없다.
단지, 사람들이 책을 읽지 않게 만들면 되는 것이다."

– 레이 브래드버리(Ray Bradbury) –

성공자의 대부분은 불행을 불행이라고 생각하지 않는다

진흙탕에서 나를 꺼내준 책 한 권을 꼽으라고 하면 1초의 망설임도 없이 켈리 최 회장의 《파리에서 도시락을 파는 여자》를 추천하고 싶다. 정말 감명 깊게 읽은 책이다. 그녀는 사업 실패 후 10억 원의 빚을 지게 되어 2년 동안 우울증으로 집 밖을 나가지 못했고, 매일 죽음만 생각했다. 그러다가 100권의 책을 통해 다시 일어나게 된다. 책의 위력은 정말 대단하다. 대부분의 존경받는 성공자는 모두 말한다.

"책이 나를 살렸다."

내가 겪은 불행은 비교도 되지 않을 만큼 더 힘든 삶을 살아온 그녀였다. '내가 그녀였다면 아마도 10억 원의 빚 때문에 마포대교에서 뛰어내리지 않았을까?'라는 생각이 들 정도다. 정말 죽음을 생각하지 않을 수 없는 상황이었다. 하지만 그녀는 자신의 불행을 불행이라고 생각하지 않았다.

명품 바이올린을 만드는 나무를 본 적이 있는가? 이탈리아 명품악기 스트라디바리우스(Stradivarius)와 과르니에리(Guarneri) 같은 바이올린은 300년이 지난 지금도 수십억 원에 팔린다. 오히려 시간이 지날수록 더 가치가 올라간다. 그 악기를 만드는 나무는 특별하다고 한다. 일반 가구를 만들기에 좋은 나무는 굴곡이 없이 쭉쭉 뻗은 나무라고 한다. 하지만 수억 원을 호가하는 명품 바이올린은 굴곡이 없는 나무로 만들면 소리가 좋지 않다고 한다. 그 이유는 나무의 밀도 때문이다. 명품 바이올린은 로키산맥 해발 3,000m 고산지대의 나무를 사용한다. 아주 혹독한 추위를 견딘 나무여야 좋은 소리가 난다는 것이다.

명품 나무는 아무도 찾지 않고 알아주지 않는 곳에서 혼자 그 혹독한 추위와 맞서 싸운 나무다. 혼자 외롭게 눈비를 맞으며 하루하루 자신을 이겨낸 나무다. 그런 나무로 만든 바이올린으로 연주한 곡은 청중의 마음을 감동시킨다. 세계적인 바이올리니스트 정경화의 연주를 들어본 적이 있는가? 마치 나무가 자신의 고통을 노래하는 듯한 느낌을 받는다.

"나, 이만큼 힘들었어. 내 노래 좀 들어줄래?"

"나를 아무도 알아주지 않았어. 춥고 배고팠어. '내가 왜 이런 곳에 태어났지?' 원망도 많이 했어. 하지만 난 견뎌냈어."

척박한 환경에서 자란 나무는 불행한 것이 아니라 그만큼 성숙해진 것이다. 그것은 불행이 아니라 불행을 가장한 축복이었다.

성공자의 열정의 온도는 무쇠를 녹이는 섭씨 1,000도다

처음 콜센터에 처음 들어왔을 때, 나는 성공자들을 많이 만나보았다. 그들은 하루에 밥을 10끼를 먹는 것도 아니고, 생김새도 그렇게 뛰어나지 않았다. 키가 큰 것도 아니고 그냥 평범한 사람이었다. 하지만 나와 종이 한 장의 차이는 바로 열정이었다. 신입 시절, 나는 고객에게 설명만 하고 '하려면 하고 안 하려면 말아라.' 식으로 열정적으로 상담을 하지 않았다. '안 하면 자기가 손해지 뭐.'라는 안일한 사고를 하고 있었다. 하지만 고액 연봉자들은 나와 달랐다. 그들은 가입을 안 시키면 마치 화를 당할 것 같은 열정으로 상담을 했다.

"고객님, 이건 정말 하셔야 합니다. 내년부터 보험료도 오르고, 보장도 축소됩니다."

"나이가 들어서 병원에 누워 계시면 도움 주는 것은 보험밖에 없습니다."

"자식들에게 병원비 달라고 하는 것은 큰 짐을 지워주는 것입니다."

"저의 큰어머니는 지금 몇 달째 요양병원에 누워 계십니다."

입에서 침을 튀기면서 열정적으로 설득하는 것을 보았다. 하루 목표를 달성하고자 하는 의지가 매우 강했다. 열정의 온도는 지구 속에 있는 마그마 온도와 맞먹는 것 같다. 한 가지 목표를 향해 무한 질주하는 야생마를 보는 것 같은 느낌이 들기도 한다. 범접할 수 없는 카리스마는 오랜 상담을 통해 습관으로 만들어진 것일 것이다. 나중에는 센터에서 1등하는 상담사에게 뭔가 특별한 것이 있다고 생각했다. 그래서 유심히 옷은 어떤 옷을 입고, 밥은 어떤 종류를 먹는지까지 연구했다. 나중에는 나도 그런 좋은 습관은 배우게 되었다. 그러면서 신기한 일이 일어났다. 내가 그렇게 상담을 하니 주변 상담원들이 하나둘씩 내가 파는 보험에 가입하는 일이 생기기도 했다.

"야, 그런 좋은 거였어?"

"그런 거면 나도 하나 해야지"

나는 청년 백수였다. 직업이 없어 신문 배달, 대리운전, 편의점 아르바이트, 공사판 막노동 등 안 해본 직업이 없었다. 무일푼에서 나를 건져준 것은 힐링을 주는 책을 계속 찾아서 읽고 강의를 듣는 것이었다. 나는 거기서 힘을 얻고 다시 일어서야 한다는 생각이 들었다. 신문 배달을 하면서 새벽에 이어폰으로 성공자들의 강의를 들었다. 대리운전하면서 '나는 꼭 이런 차를 탈 것이다.'라는 꿈을 가졌다. 나에게 일어나는 모든 일을 성공의 자양분이라고 생각했다.

콜센터에서 성공자와 실패자의 차이는 정말 작은 차이다. 바로 열정의 온도다. 당신도 성공자의 열정을 벤치마킹하라. 그리고 성공자의 생각을 통해 더 높은 하늘로 날아오르기를 소망한다.

지금 당장
열등감을 밟아버려야겠다

. . .

"만족은 결과가 아니라 과정에서 온다."

– 제임스 딘(James Dean) –

열등감을 끌어당기면 생기는 일

미국 서부 캘리포니아 말리부 해변에서 지는 석양을 바라보며 차에서 이런 생각을 했다. '내가 뭐가 부족해서 나를 이렇게 힘들게 하고 있는가?' 미국에서 가장 아름다운 해변이라고 하는 말리부 해변에서 나는 깊은 한숨을 쉬며 곰곰이 생각에 잠겼다.

문제는 열등감이었다. 열등감이 나를 무가치한 인간이라고 생각하게 했고, 그 열등감이 나를 매일매일 어깨를 짓누르고 있었다. 그래서 한국이 싫어졌고, 부모님도 싫어졌다. 마치 수학시험을 100점 맞은 친구를 질투해서 수학을 포기하고 싶은 감정이었다. 모든 문제는 열등감이었다고 결론을 내렸다. 사실 나는 열등감 덩어리였다. 무언가로 나를 채우지 않으면 마치 내가 뼈밖에 남지 않으리라 생각했다. 그것을 해결해보려고 갖은 노력을 안 해본 건 아니다. 명품도 사보고 좋은 차도 사보고 멋진 호텔에서 일도 해보았다. 하지만 나의 열등감은 강하게 거부하면 할수록 나를 놀리기라도 하듯이 나를 더 힘들게 했다. 채워지지 않았다. 그 병은 수십 년 동안 나를 괴롭혔다. 아무것도 아닌 일에 버럭 화를 내는 일이 많았던 것도 다 이유가 있었다.

나는 미국에 있으면서 시민권자들에게 큰 열등감을 가지고 살았던 것 같다. 미국이라는 사회가 그렇게 만든다. 신문에서 불법 체류자들과 영주권자들을 마치 이방인 취급하는 기사도 많이 보았다. 그리고 미국인들을 만나서 이야기해보면 시민권자가 아니면 상종을 하지 않는 사람들도 있었다. 내 속에는 그런 미국인들을 증오하는 마음이 있었나 보다. 그래서 나와 똑같이 생각하며 분노하는 멕시칸인들의 총기 사고가 끊이지 않고 일어나는 것이다.

미국이라는 사회는 백인 우월주의가 아주 심한 나라다. 겉으로는 안 그런 척하지만 말이다. 지금은 많이 좋아졌다고 들었다. 하지만 그런 것들이 사고가 나는 분명한 이유일 테다. 사회에 악한 감정이 있는 것을 몸소 체험하는 계기가 되었다. 그때부터 나는 '미국과 잘 어울리지 않는다.'라는 생각이 깊게 자리 잡게 되었다. 나중에는 이것이 미국을 떠나게 만드는 일에 한몫한 것 같다.

"열등감 너 이리 와봐"

말리부 해변에서 다시 생각에 잠겼다. 곰곰이 생각해보니 나는 한국 시민권자다. 내가 왜 미국시민권을 위해 뼈 빠지게 일하면서 하루하루 힘들게 살아야 하는가?

문제의 근원은 한국을 증오했던 것, 그것으로 인해 모든 문제가 생긴 것이다. 그런 생각이 나를 미국으로 오게 만들고 또 이런 고생을 사서 하게 만든 것이다. 난 열등감과 담판을 내야겠다는 생각이 들었다.

'내가 뭐가 부족해서?'
'열등감, 너 이리 와봐.'
'내가 오늘 널 밟아버려야겠다.'

곰곰이 생각해보니 내가 원래 미국에 간 목적은 영주권이나 시민권이 아니었다. 스펙을 쌓아서 한국에 돌아올 목적이었다. 하지만 주변에서 모두 시민권, 시민권이라고 해대니 나도 모르게 '나도 따야 하는 건가?' 하며 한동안 군중심리에 세뇌가 되었다. 그것이 나의 미국 생활을 더 힘들게 했다.

'나는 대한민국 시민권자다.'라고 생각하자 머릿속에 숨어 있던 열등감이 사라졌다. 몇 년을 염려하고 걱정하는 것이 사라졌다. 나는 부족하고 무능한 존재가 아니라 이미 충분히 멋있고 대단한 존재라는 사실을 깨닫게 되었다.

열등감을 밟아버리면 비교의식이 사라진다. 이 원리는 콜센터에서 상위권으로 올라가는 가장 큰 동기가 되었다. 북한산을 올라가는 데 정상에 올라간 사람만 보고 계속 한숨만 쉰다면 어떻게 올라갈 것인가? 반면, 주위의 꽃과 나무를 보며 즐기듯 올라가면 어느새 정상에 도달하게 될 것이다. 비교의식이 사라지니 일할 때도 크게 스트레스를 받지 않았다. 일이 잘 안 풀릴 때는 이렇게 생각했다.

'보험은 가입 안 하면 당신만 손해다.'
'누가 당신의 병실에 돈을 들고 가는 사람이 있는가?'
'그것은 보험밖에 없다.'

많은 사람은 나에게 계약이 나오지 않아도 버틸 수 있는 이유를 궁금해했다.

"너는 무슨 자신감이냐? 우리는 하루 한 건 못하면 스트레스 받는데."

나는 그럴 때마다 이렇게 생각했다. 군대에 처음 입대한 훈련병이 어떻게 처음부터 총을 잘 쏘고, 레펠을 타고, 천리행군을 해낼 수 있겠는가. 처음부터 잘할 수는 없는 일이다. 그래서 나는 남들과 나를 비교하지 않기로 했다. 나는 나로서 충분히 멋지고 대단한 존재이기 때문이다. 그것은 내 열등감을 밟아버린 다음에 생긴 긍정적인 변화였다. 만약 그런 일이 없었다면 엄청나게 큰 스트레스를 받았을 것이다.

실장님들이 아침마다 열 받으라고 일부러 순위표를 보여주면 감사히 받는 마음도 생겼다. 이전처럼 흥분하고 스트레스 받는 일이 사라졌다.

'저 사람은 1등인데 왜 나는 꼴등일까?'
'난 바보야, 이런 것도 못 하고.'

텔레마케팅은 실적이 우선이기 때문에 아무리 사회에서 잘나가는 사람이 들어와도 실적을 못 이루면 큰 관심을 받지 못한다. 그래서 더욱 열심히 하려고 다들 늦게까지 남아서 일한다.

콜센터는 하루하루 열심히 하다 보면 상위권으로 올라가는 것이지, 하루아침에 10년을 일한 사람들 같아질 수는 없다. 처음 콜센터에 들어온 사람들이 흔히 하는 실수다. 정석대로 배우고 시간이 지나면 자연히 고객도 생기고 1분만 통화해도 계약을 할 고객인지 아닌지가 보인다.

하지만 방법이 전혀 없는 것은 아니다. 나는 그런 분들을 위해 네이버 카페 '한국텔레마케팅코칭협회'에서 강의프로그램을 진행하고 있다. 10년 동안 배워야 할 것을 단 1년 만에 터득하도록 돕고 있다. 내 동생도 코칭을 받고 지금 억대 연봉을 받고 있다. '이건 정말 기적이 아닌가?' 생각하게 된다.

처음에는 일을 못 할 수 있다. 그렇다고 열등감에 사로잡힐 필요는 없다. 일을 못한다고 바보는 아니다. '남들보다 조금 더 시간이 걸릴 뿐이다.'라고 생각하라. 세계적인 천재 물리학자 아인슈타인(Albert Einstein)도 어릴 적 학교생활 부적응자였다. 먼저 당신의 열등감을 밟아버리는 연습을 해라. 왜냐하면 당신은 지금 매우 멋지고 대단한 사람이니까.

과잉행동 장애를 극복한 세계 최고의 수영선수

마이클 펠프스(Michael Phelps)

마이클 펠프스는 세계 최고의 수영선수이자 미국의 스포츠영웅이다. 11살 때부터 밥 바우만 수영 코치의 동기 부여 프로그램을 통해 잠재능력을 극대화해, 주의력 결핍 과다행동 장애(ADHD)를 극복하고 세계적인 수영선수로 성장했다. 그는 15살 어린 나이에 올림픽 최연소 선수로 시드니올림픽에 처음 출전한 이후, 지금까지 올림픽의 살아 있는 전설로 불린다. 베이징올림픽에서 수영 역사상 '8개의 금메달과 7개 종목의 세계신기록'이라는 전무후무한 기록을 세웠다.

하지만 그는 어릴 적 ADHD(과잉행동 장애)라는 질병에 시달렸다. 학창 시절 한시도 가만히 있지 못하고, 한 가지 일에 제대로 집중하지 못해 선생님으로부터 무엇을 해도 성공하지 못할 것이라는 혹평까지 들었다. 그의 어머니는 ADHD로 진단받은 아들을 위한 치료 방법의 하나로 수영을 배우게 했다. 처음에는 물에 얼굴을 담그지 못해 배영부터 시작할 정도로 수영과는 거리가 있는 듯 보였지만, 가족의 열렬한 응원으로 세계 최고의 수영선수가 될 수 있었다.

그는 언젠가 한 언론사와의 인터뷰에서 자신의 성공 노하우를 말한 적이 있다. 그것은 놀라울 정도로 간단했다.

"나는 오늘이 무슨 요일인지 모른다. 그저 매일 헤엄을 칠뿐이다."

운명을 바꾸는 계기는
갑자기 찾아온다

· · ·

"당신 스스로가 하지 않으면 아무도 당신의 운명을 개선해주지 않을 것이다."

– B.브레히트(Bertolt Brecht) –

운명의 시간은 예약하지 않고 찾아온다

2008년 7월경, 화창한 어느 날이었다. 커피 한 잔의 여유를 만끽하며 집에서 푹 쉬고 있었다. 갑자기 약간의 진동이 느껴지기 시작했다. 그러다가 진동이 점점 심해지더니 TV가 앞뒤로 조금씩 흔들리다가 앞으로 꼬꾸라졌고, 탁자 위의 컵 속에 담긴 물은 잔잔한 물결을 치더니 갑자기 뒤집혀 바닥으로 떨어졌다. 벽에 걸린 액자들은 흔들리다가 떨어져 내렸고, 싱크대 접시들은 우르르 쏟아졌다. 생명의 위태로움을 느낄 정도였다. "엄마!" 갑자기 내 입에서 엄마를 부르는 소리가 자동으로 나왔다.

'사람이 이러다가 죽는구나!'

지갑을 챙길 시간도 없었다. 혹시 건물이 무너져서 갇히면 연락은 해야 해서 휴대전화만 들고 베란다로 냅다 뛰었다. 그리고 다급해진 나는 창밖으로 소리를 질렀지만, 아무도 없었다.

"살려주세요."

미국 서부의 캘리포니아 지역은 지진이 빈번하게 일어난다. 나는 생애 처음 강도 8.0의 대지진을 한국이 아닌 미국에서 경험하게 되었다.

'이러다가 죽는구나, 불쌍한 내 인생.'

내가 처음 지진을 경험하고 내린 결정이었다. 나에게 운명의 날이 찾아온 것이다. 그것은 불행을 가장한 축복이었다. 바로 2008년도에 발생한 진도 8.0 LA 대지진이었다. 그날은 내 운명을 바꾸었다.

영화에서 지진으로 건물이 무너지고 쓰러지는 장면에서 많은 사람이 건물에 깔려 죽는 장면을 자주 보았다. 중국의 쓰촨성 지진 때도 사람들이 깔려 죽는 뉴스를 보았던 터라 그것만은 안 된다는 생각으로 당시 속옷만 입고 있었음에도 부끄러움 없이 베란다 난간을 붙잡았다.

‘무너지기만 해라. 난 집 앞에 야자나무로 뛰어내릴 거다.’

‘이대로 부모님도 못 찾을 시신으로 고향 땅에 묻히게 될 운명이 되는가?’

집은 4층 건물 빌라였는데, 누가 나를 상자에 넣고 마구 흔드는 기분이었다. 멀미도 나려 하고 정신이 혼미해지기 시작했다. 지진은 약 5분 정도 쉬지 않고 집을 흔들어 대고 있었다.

‘어떡하지? 건물이 주저앉는 순간, 난 3층에서 바로 뛰어내린다. 깔려 죽는 것보다 나으니까.’

계속 이 생각만 했다.

‘아, 내가 미국에 왜 왔지?’

‘내가 죽으면 한국에 묻혀야 하는데 결국 이렇게 가는 건가?’

비참했고 슬펐다. 갑자기 부모님이 보고 싶어졌다. ‘평소에 잘할 걸.’이라는 후회도 밀려들고 ‘죽으면 다 무슨 소용이람.’이라는 회의감도 들었다. 지진이 멈추고 나는 바로 결정했다.

‘한국으로 가자, 이건 아니다.’

같이 일하던 요리사 형님이 밤길에 강도를 당하고 바로 한국행을 결심했다는 이야기를 들은 적이 있다. 나는 지진이 더 싫었다. 나는 한 번 결정하면 밀어붙이는 성격이라 부모님도 못 말리는 면이 있는데 이건 좀 심각했다. 정말 이건 아니었다. 이런 일을 자주 겪는 미국인들이 정말 존경스러웠다. 난 결심했다.

'나는 여기서 수억을 줘도 못 산다.'
'바로 한국으로 돌아간다.'

인생은 두 번 사는 것이 아니다

"사람은 언제 죽을지 모른다. 하루하루를 후회하지 않게 열심히 살자!"

이런 생각은 텔레마케팅하는 데 큰 도움이 되었다. 내가 오늘 만나는 고객을 내일 못 만날 수도 있다는 생각으로 상담에 임했다. 보험 상담에서 가장 중요한 단계가 클로징이다. 아무리 설명을 잘해주어도 가입 결정을 하는 클로징 단계에서 온 힘을 다하지 않으면 계약은 끝난다. 고생은 고생대로 하고 계약은 못 하는 것이다. 그럼 힘이 빠지고 일하기 싫어진다. 내가 하루를 소중히 최선을 다하는 생각이 없었다면 상위 1% 상담사가 되기는 어려웠을 것이다.

"지금 클로징이 문제인가?"

"좀 더 강하게 클로징을 하고 싶은가?"

그럼, 방법은 간단하다. 내가 오늘 만나는 고객은 내일 못 만난다고 생각하는 것이다. 그리고 오늘 가입해야 하는 이유 3가지를 적어서 컴퓨터 책상 위에 붙여놓아라. 예를 들면 이런 것이다.

1. 각 보험사 이슈(금리 변동, 보장 축소 등)
2. 홈쇼핑이라면 사은품 마감(혜택 줄어듦)
3. 상담 사례(○○○ 고객님은 왜 가입하셨냐 하면…)

여기서 중요한 점은, 받으려고 하는 생각을 하면 안 된다는 것이다. 그러면 상담의 수익자는 내가 된다. 그럼 자신감이 떨어지고 계약은 물 건너간다. 중요한 점은 상담의 최대수익자가 고객이 되어야 한다는 것이다.

"당신을 위해 나는 지금 귀한 시간을 내서 상담을 하고 있습니다."

이런 느낌을 전달해야 한다. 간단한 것 같지만, 이것은 클로징을 하는 데 엄청난 작용을 한다. 철저하게 고객의 입장이 되는 것이다.

"만약, 고객님이 보험이 없다면 사고 시 자녀는 어떠한 불이익을 당하는가?"

"지금 가입하지 않으면 어떤 불이익이 있는가?"

이런 상담은 스킬이 아니다. 나는 진심이라고 말하고 싶다. 사람을 사랑하는 마음 같은 것이다. 이것이 콜센터에서 성공하는 전부라고 해도 과언이 아니다. 어떤 고객은 열정적으로 상담하는 나에게 이렇게 말하기도 했다.

"김우창 팀장님은 정말 열심히 사시네요. 무슨 비결이 있나요?"

지진에서 목숨을 잃을 뻔한 경험이 있는 나는 이렇게 대답한다.

"비결은 없어요. 저는 고객님과 가족분들을 사랑하기 때문에 열심히 상담합니다. 오늘 만났지만 내일은 못 만날 수도 있잖아요? 그래서 저는 매일매일 사명감을 가지고 일합니다."

끝으로 나의 운명을 바꿔준 지진에 감사의 마음을 전하고 싶다. 그 당시에는 너무 고통스러웠지만, 지나고 보니 내 인생에 도움이 되었었다. 나를 더 크게 성장하는 채찍질 같았다. 감사하다.

수많은 사업 실패를 견디고 수천억 원대 자산가가 된 스노우폭스

김승호

김승호 회장은 미국에서 동양인으로서 가장 성공한 사업가로 평가받는다. 직원 14명으로 2년 반 만에 연 매출 130억 원을 돌파하는 등 미국의 거대 유통 체인 크로거를 비롯한 여러 회사에 130여 개 매장을 가동하면서 미국에서 성공신화를 이루어냈다. 그리고 지금은 연 매출 700억 원이 넘는 회사로 성장시켰고, 부채가 하나도 없는 수천억 원의 자산가가 되었다. 지금은 '사장을 가르치는 사장'으로 국내외에서 강연 활동을 하고 있다.

이런 그에게도 아픈 과거가 있다. 그는 미국에서 선물 딜러, 마을신문 편집장, 한국 식품점, 편의점, 유기농 식품유통회사 등을 경영하면서 여러 차례 사업이 망하는 경험을 했다. 그러면서 실패를 통해 성공하는 방법을 알게 되었다고 한다. 그는 오히려 실패하지 않은 성공은 위험하다며 실패를 찬양한다.

그의 성공이 빛나는 이유는 어두운 실패의 터널 속에서 성공을 한 번도 의심하지 않았다는 사실이다. 실패는 성공을 위한 당연한 과정이다. 우리는 김승호 회장에게 성공보다 실패 속에서 일어나는 방법을 배워야 한다. 그것은 다름 아닌 상상력의 힘이다.

나의 현재 모습은 비록 불행과 걱정과 슬픔으로 가득 차 있다고 해도 마음속으로는 행복한 모습과 성공한 모습을 상상하는 것이다. 우리의 뇌는 현재의 모습을 인식하는 것이 아니라 내가 생각하는 대로 인식한다고 한다. 아주 시큼한 레몬을 먹는 상상을 하면 입에 침이 고이는 원리다. 그도 이런 비결을 깨달았던 것이다. 좌절과 고통을 상상의 힘으로 이겨낸 것이다. 그는 《김밥 파는 CEO》라는 책에서 좌절과 고통을 이겨내고 성공하는 방법을 이렇게 말하고 있다.

"나는 항상 무엇인가 갖고 싶거나 이루고 싶으면 먼저 상상을 한다."

2장

텔레마케터,
어디서부터 어떻게 시작하죠?

콜드콜 역사상
가장 많은 방문 약속

· · ·

"준비에 실패하는 것은 실패를 준비하는 것이다"

– 벤자민 프랭클린(Benjamin Franklin) –

보험업계에 발을 들여놓게 해준 부동산 세미나

한국에 들어와서 백수로 계속 지낼 수가 없었다. 무일푼에 찬밥 더운밥을 가릴 때가 아니었다. 뭐라도 해야 했다. 그래서 평소에 부동산에 관심이 많아 책을 찾아보고 세미나도 참석하고 싶었다. 돈이 없었음에도 부동산 세미나에 참석했다. 내가 생각해도 나는 참 대단한 사람이다. 난 평소에도 '줄 사람은 생각도 안 하는데 김칫국을 달라'는 느낌으로 행동한다는 표현이 적당할 것 같다. 일단 들이대는 습관이 있었다. 마침 강남에서 하는 부동산 세미나를 찾았다. 강남 도곡동 타워팰리스에서 열리는 부동산 세미나 담당자에게 전화를 걸었다.

"안녕하세요? 세미나에 참석하고 싶습니다."

"네, 그럼 ○요일 ○시까지 오시면 됩니다."

친절한 직원의 안내를 받고 참석을 하게 되었다. 부동산 세미나가 시작하고 끝나갈 무렵 저편에서 정장을 입은 남자가 들어왔다. 그분이 C대표님이었다. 보험업계에서 챔피언으로, 모르는 사람이 없을 정도로 유명하신 분이었다. 그 당시에는 누구신지 전혀 몰랐다. 그분은 자신의 저서를 한 권씩 선물로 주시며 간단하게 보험설계사의 전망에 관해 브리핑해주셨다.

"미국에서는 개인의 자산을 관리해주는 재정주치의가 한 명씩 있습니다. 우리보다 선진국인 미국에서는 금융서비스 분야의 직업이 전문직으로 인식되고 있습니다. 우리나라도 곧 보험 시장이 급격하게 성장할 거라 생각합니다. 급여 수준도 일반 직장보다 높은 편입니다. 개인시간도 자유롭습니다. 강남 메리어트호텔에서 우리 회사 잡세미나가 있습니다. 꼭 참석해보세요. 후회하지 않으실 겁니다."

나는 그분의 보험에 관한 브리핑을 듣고 '아, 정말 괜찮겠다.'라는 생각을 했다. 노트북을 들고 다니며 고객들의 재정을 상담해주는 직업이라고 했다. 급여 수준, 미래에 관한 전망 같은 것을 보여주시는데, 오래할수록 급여도 많아진다는 점이 맘에 들었다. 가장 중요한 것은 무일푼으로 시작할 수 있다는 점이다.

"나처럼 가진 것이 없는 사람에게 이런 기회가 오다니!"

바로 신청서를 작성했다. 강남 메리어트호텔에 면접 일정을 안내받고 집으로 돌아와서 생각했다.

'한번 해보자. 어차피 가진 것도 없는데 밑져야 본전이다.'

강남 메리어트호텔에서 진행되는 잡세미나는 보험설계사의 전망과 선배님들의 강의로 이루어져 있었다. 멋진 호텔에 엄청나게 큰 화면으로 보이는 사진들이 압권이었다. 세미나가 끝나고 후기를 작성하는 시간이 있었다. '한번 해보자.'라는 결심이 서 있었기 때문에 바로 면접 일정을 잡고 싶다고 작성했다. 며칠 후 회사로 찾아가서 면접을 보는데, 면접관이 물어보았다.

"이 회사에 들어오고 싶은 이유는 무엇인가요?"
"저희 아버지는 사고로 집을 팔아야 했습니다. 보험은 가족을 안전하게 보호해주는 기능을 한다고 생각합니다. 보험에 관한 전문가이신 C대표님의 추천으로 지원하게 되었습니다. 저는 보험을 팔기보다 사랑을 파는 사람이 되겠습니다."

면접은 무사히 합격이 되었다는 통보를 받고, 시험을 준비하라는 이야기를 듣게 되었다. 한 달 정도 생명보험시험 준비했다. 시험공부를 하는 방법이 따로 있었다. 선배님들이 고맙게 잘 가르쳐주셨고, 무난히 합격했다. 그리고 드디어 대망의 출근을 하게 되었다.

대면 설계사 일을 시작하자, 처음에는 지인들이 많이 도와주었다. 친구와 가족도 많이 도와주었다. 하지만 인맥이 없던 나는 3개월 만에 한계가 왔다. 갈 곳이 없었다.

지인들이 조금 소개를 해줘서 여기저기 전철과 택시 지하철을 갈아타며 다니느라 다리는 매일 퉁퉁 부었고, 구두를 신어야 해서 겨울이면 발가락이 꽁꽁 얼었다. 여름이면 온몸에 땀이 엄청났다. 뭔가 대책을 세워야 하는 때가 왔다. 나가서 다른 일을 해보든지, 아니면 여기서 끝장을 봐야 했다.

콜드콜(cold call)의 황제가 되다

그 정확한 타이밍에 인생을 바꿔준 선배님을 만나게 된다. 건수 챔피언을 하던 C설계사의 강의를 듣게 되었다. 토요일이었는데도 사람들이 많이 출근해서 들었다. 정말 명강의였다.

"저는 한 달 동안 전화(cold call)를 돌리고 다음 한 달 동안의 약속을 잡습니다."

"이 간단한 방법으로 M보험사에서 작년에 가장 많은 계약을 했습니다."

"여러분, 갈 곳이 없다고요? 그건 저에게 핑계로밖에 들리지 않습니
다."

정말 그렇게 될 수 있을까? 비결을 전수받고 싶었다. 하지만 조건이
있었다. 내가 잡은 가망고객을 선배님들에게 주어야 한다는 것과 계약
을 하면 수수료를 7:3으로 나누는 것이었다. 무심코 나는 "좋아요!"라
고 말했다. 본격적인 교육이 시작되었다. 나도 전화를 하루에 100통
씩 돌려보았다.

"안녕하세요, ○○보험사 김우창 컨설턴트입니다. 저희가 이번에
○○님을 위해서 재정에 도움이 될 만한 자료를 전달해드리고 있습니
다. 다음 주 ○요일쯤 오전, 오후 언제가 괜찮으신가요?"

첫날은 100통의 고객 중 100명이 모두 똑같이 말했다.

"됐습니다."
"안 해요."
"싫어요."

말을 하는 중에 끊어버리는 고객님도 많았다. 둘째 날은 100통의
고객 중에 1명, 셋째 날은 100통의 고객 중에 2명, 넷째 날은 대박이

터졌다. 10명의 고객이 방문을 허락해주었다.

'이건 업계에서 가장 힘들다고 하는 콜드콜(cold call) 역사상 가장 많은 방문 약속이었다.'라고 생각하고 싶다. 놀라운 성과에 평소에 나를 무시하던 선배님들도 커피를 가져다주시고, 밥을 사 주시기 시작했다.

나는 정확히 일주일 동안 하루에 100통씩 600통을 돌려서 약 30건의 가망고객을 만나기 위한 약속을 잡았다. 이건 나중에 들은 이야기이지만, 내가 약속을 잡아주고 선배님께 드렸더니 그 만남을 계기로 실제 결혼을 한 커플도 있었다고 한다. 얼마나 보람된 일인가? 계약도 하고 결혼도 했으니 말이다. 선배님들은 모두 나를 칭찬해주었다.

"이야, 대단한데!"
"우리 신입이 전화 상담의 신이었구나."
"비결이 뭐야?"

그때는 비결을 아무에게도 알려주지 않았다. 하지만 이 책에서 특별히 공개하도록 하겠다. 대부분 상담원은 고객과 첫 통화를 한 후, 다시는 전화를 하지 않는다. 그럼 안 된다. 나는 첫 통화 한 고객이 바쁘거나 부재중이라면 반드시 문자를 남겼다. 예를 들면 이런 것이다.

"○○○고객님, ○○○보험회사 김우창 컨설턴트입니다(인사). 부재

중이셔서 문자 남겨드립니다(이유). ○○○한 혜택에 대한 안내를 드리고 있습니다(혜택). 고객님께 정말 큰 도움이 되실 거라 생각합니다(확신). ○○○ 고객님도 상담을 받으셨는데 무척 좋아하셨습니다(사례). 통화 가능하실 때 문자 부탁드립니다(요청)."

이렇게만 따라 한다면 당신도 콜드콜의 황제가 될 수 있을 것이다. 습관으로 익혀서 자신만의 노하우를 더 붙이면 이 책 값의 100배는 더 벌 수 있을 것이다.

그렇게 상담 약속을 계속해서 약속을 잡아내는 나에게 선배님들은 약속 잡은 것을 받고 싶어서 안달이 났다. 서로 달라고 난리가 난 것이다. 그러던 중, 어느 높은 직급의 설계사님이 나를 회의실로 잠시 불러내어 귀중한 말을 해주셨다.

"우창 님은 여기 계시기 아깝네요. 가망고객 잡고 선배들한테 다 주고 손해 보는 일은 그만하세요. 선배들이 우창 님을 이용하는 것 같아요. 이건 본인에게 돌아가는 게 너무 작아요. 제가 한 군데 추천해드릴게요. 보험 콜센터로 가보는 게 좋겠어요. 그 실력이면 한 달에 3,000만 원은 넘게 벌 텐데, 여기서 이러지 말고 그쪽으로 가서 잘되는 게 더 이익일 겁니다."

나에게 진심으로 조언해주던 그 K설계사님 덕분에 나는 대면 설계사에서 전화로 계약하는 다이렉트보험 설계사로 이직을 하게 되었다. 태풍이 오기 전에 고요하다고 했던가? 여기서 작은 태풍이었다면, 나는 그곳에서 초대형 태풍으로 성장하기 시작했다.

콜센터 상담 책
100권을 구입하다

· · ·

"배워라. 배우면 너의 소원을 들어주는 것이 돌탑이 아니라,
너 자신이라는 것을 깨닫게 될 것이다."

– 드라마 〈정도전〉 중에서 –

책을 100권 읽으면 따라올 사람이 없다

미국에서 고생을 많이 하고 한국에 들어와서 보니 나는 가진 게 한 푼도 없었다. 그리고 콜센터에 근무를 할 때 역시 상담지식이나 고객 관리법 등 아는 것이 하나도 없었다. 텅 비어 있는 머릿속에 뭔가를 채워넣어야겠다는 생각이 들었다. 학교에서 다 배우는 내용 중에 '책 속에 답이 있다.'라는 말이 생각났다. 집에서는 텔레비전을 보다가 낮잠을 자면 하루가 다 가기 일쑤였다. '나의 게으름을 좀 고쳐야겠다.'라는 생각에 바로 서점으로 달려갔다.

도서관을 가는 것보다 서점에 가서 책을 읽는 것이 내 스타일이다.

마음에 드는 책은 바로 사야 직성이 풀리기 때문이다. '책을 읽지 않고 집에 모셔만 놓아도 성공한다.'라는 말을 들었던 적이 있다. '매주 5권은 꼭 사자!' 이것은 한국에 들어와서 나의 삶의 원칙이 되었다.

'이 책을 살까?'
'아냐, 저 책이 더 좋은 것 같아.'

책을 고르고 계산대 앞에 서 있는데 충격적인 장면이 앞에서 연출되고 있었다. 어떤 정장 차림의 남자분이 요리, 자기계발, 여행 등 약 20권 정도를 무겁게 들고 줄을 서 있었던 것이었다. 그 순간 나의 얼굴은 정지 상태가 되었다.

'뭐지?'

나는 한 권 사려고 2시간 정도를 서점을 돌아다니며 고민에 고민을 거듭하고 있었는데, 마치 준비하고 있었다는 듯이 20권을 구매하는 것이었다. 나와 레벨 차이가 난다는 느낌이랄까? '혹시 책 수집하시나? 돈이 많으신가? 책을 팔려고 하시나?'라는 생각이 들었다. 얼마 지나지 않아 베스트셀러작가 이지성 님의 고전 관련 책을 보다가 이런 문구를 보게 되었다.

'당신의 집에 책이 300권이 진열되어 있다면 당신의 집안은 절대로

망하지 않게 될 것이다.'

서점에서 만난 신사분이 나의 운명을 변화시키는 도화선이 되었다. 그분의 이름은 모르지만 정말 감사하다. 그때 생각했다.

'나도 앞으로 다른 사람에게 선한 영향력을 끼치는 사람이 되어야지.'

그 이후 나는 나의 관심 분야인 세일즈 관련 책들을 사서 모으기 시작했다. 약 100권을 사들였다. 대부분 책은 다 독파했다. 핵심 독서법을 이용했는데 아주 좋은 책 읽기 방법이다. 여러분도 속독법 책을 꼭 사서 읽어보기 바란다. 읽는 속도가 2~3배 정도 빨라진다. 책을 먼저 사놓고 빨리 보는 방법을 가르쳐주는 책을 산 것이다. 기발하지 않은가?

사실 사다 보니 속독 책이 나도 모르게 그 속에 들어가 있었다. 그렇다. 나는 내가 무슨 책을 사는지도 모를 만큼 책을 많이 산다. 일단 마음에 드는 책을 사놓으면 어떻게든 화장실에서든, 차에서든, 커피 마시면서든 읽게 되어 있다. 책 한 권에 만 원 조금 넘으니 한 권에 한 가지만 배운다는 생각으로 읽는다. 물론 더 배우는 경우도 많다. 그 사람의 평생 비결을 만 원에 살 수 있는 것은 책밖에 없다. 어떤 책에서 본 이런 말이 생각이 난다. "워런 버핏(Warren Buffett)과 점심을 먹으려면 수억 원이 든다. 하지만 그의 책은 돈 만 원만 주면 읽을 수 있다. 마치 그와 대화를 하는 것 같은 효과를 볼 수 있다." 정말 그렇다. 그 이야기를 들으며 '아, 내가 왜 그 생각을 못 했지?' 이후 나는 책을 아낌없이 구매하게 되었다.

100권의 책은 추천도서에서 찾아라

책을 통해 나는 콜센터 업무에 많은 도움을 받을 수 있었다. 그것은 나의 마음가짐이다. 고객과 계약을 체결하고 싶다면 먼저 좋은 정보를 전달해야 한다. 그러려면 나의 일과 관련된 책 속에서 답을 찾으면 된다.

하지만 요즘은 책보다 재미있는 게 너무 많다. 인터넷, 게임, TV 등에 빠져 있으면 책을 멀리하게 된다. 아침에 일찍 일어나 출근해도 자기계발이 없는 직장 생활은 발전이 없다. 아무런 노력을 하지 않고 신세 한탄만 하면 높은 소득을 받을 수 없고 오랫동안 일할 수도 없다.

"왜 저 사람은 계약을 많이 하는데 나는 안 되지? 내 길이 아닌가?"

이럴 때는 미디어 금식을 하는 것이 도움이 된다.

"일주일에 하루, 한 달에 4번은 반드시 인터넷과 TV를 보지 않는다."

이런 계획을 세워보는 것이다. 그럼 나중에는 책보는 시간이 더 즐거워져서 인터넷과 TV는 멀리하게 된다. 이것은 나의 경험에서 나온 것이다. 나도 예전에는 게임중독에 빠져서 큰 후회를 한 적이 있다.

그리고 자신의 관련 분야의 책을 사서 보는 연습을 해야 한다. 도서관에 가면 다시 가져다주어야 하므로 별로 추천하지는 않는다. 뭐든지 내 돈이 나가야만 그 물건이 가치를 갖게 된다. 내 돈이 안 들어가는 것은 금방 사라지고, 나중에는 쓰레기통에 들어가버린다. 책도 그렇다. 남이 선물해주는 것도 좋지만, 내 돈이 일단 들어가면 한 번이라도 더 보고, 한 번이라도 밑줄을 그어가면서 본다.

만약 책을 읽고 싶은데, 고르지 못하고 있는가? 내 경험상 베스트셀러 위주의 독서도 좋지만, 나와 관련된 것으로 내가 좋아하는 작가의 추천도서가 가장 좋다. 내 생각대로 사는 것은 내 수준의 독서밖에 할 수가 없다. 오류나 실수가 생길 수가 있다. 더 성장하고 싶다면 더 성장한 사람의 추천도서를 읽어보기 바란다. 이 방법을 꼭 한번 시도해보길 바란다.

나는 예전에 켈리 최 회장님의 추천도서와 이지성 작가의 추천도서를 생각 없이 20~30권 정도를 구매했던 기억이 있다. 정말 좋은 책들이었다. 강력히 추천한다. 100% 장담하건대, 투자한 만큼 성장하고 돈도 더 많이 벌게 될 것이다.

여러분이 지금 '나는 왜 안 될까? 삼재가 껴서 그런가?'라고 생각하고 있다면 분명 자신에 대한 투자가 부족하거나 더 배우고 싶은 의지가 없는 것이다. 보험세일즈든 제약영업이든 건설업체 부품영업이든 무슨 일이든 자기 관련 분야에 투자하라. 강의든, 책이든, 세미나든 말이다. 그럼, 여러분 앞에 상상도 못 한 일이 일어날 것이다. 미친 척하고 한번 믿어보라. 기적이 일어날 거라 확신한다. 내가 경험을 했으니까 하는 말이다.

나도 직장인이다 보니 반복되는 직장 생활에 많은 스트레스를 받는다. 삶의 기쁨을 되찾는 것은 불가능하다고 생각했다. 가끔 극심한 우울증에 빠지기도 하고, 몸과 마음이 지칠 때면 음주와 가무로 위로하기도 했다. 하지만 그것은 해결책이 아닌, 나를 더 깊은 수렁으로 빠지게 만드는 지름길이었다.

매일 한 권의 책을 읽으면서 나는 자존감을 회복하는 경험을 하게 되었다. "너 무슨 일 있니?"라는 주변 사람들의 말을 듣기도 했다. 갑자기 변화된 나를 적응하기 힘들어서일까? 하루하루가 즐거워지고 나를 상처를 주는 사람도 품어줄 만큼 기분도 좋아졌다. 책 읽는 기쁨을 알게 되니 다른 것은 무가치해질 만큼 깊은 사색의 달콤함을 느끼게 되었다.

책 읽기가 즐겁지 않다면 이런 말을 하기 쉽지 않다. 그 시간이 고통스러운 것이 아니라 고수에게 한 수 배운다는 생각으로 읽는 것이다. 나를 가난에서 구해준 것은 지혜로운 사람들이 쓴 책이었다. 나는 그 지혜자들에게 경의를 표한다. 감사하다. 내 버킷리스트 중에 '베스트 셀러 작가 되기'가 있다. 많은 사람이 내 책을 읽고 힘을 얻어 삶의 이유를 찾는다면 나는 대통령보다 더 위대한 일을 하는 것이다. 당신도 도전해보길 추천한다. 반드시 기적 같은 일이 일어날 것이다. 어느 기도원 문 앞에 이렇게 쓰여 있다고 한다.

"오늘 좋은 일이 일어납니다."

내가 아는 작가님은 책 보는 습관에 대해 이렇게 말했다.

"나는 집에서 책을 보지 않아. 산만하고 집중이 잘 안 되더라고. 조용한 카페나 사람 많은 도서관 같은 곳이 나의 작업실이지."

그래서 나 역시 책을 구매하면 꼭 스타벅스나 도서관을 가는 버릇이 생겼다. 더 집중이 잘되고 더 잘 읽힌다. 지금도 한 번에 5권 정도, 매달 10권 정도 구매하고 있다. 100권의 추천도서는 당신에게 반드시 성공을 안겨줄 것이라고 확신한다. 그리고 나의 책 사랑은 앞으로도 계속될 것이다.

17억 원의 빚더미에서 연 매출 700억으로 성공한 더본코리아

백종원

백종원 대표는 1993년 서울 강남 논현동에서 원조 쌈밥집을 오픈했다. 이후 국내 및 해외에서 본가, 새마을식당, 홍콩반점 0410, 빽다방을 비롯해 30여 개 외식 브랜드, 1,400여 개의 매장을 운영 중이다. 중국, 미국, 일본, 호주, 싱가포르, 인도네시아, 말레이시아, 필리핀 및 베트남에 진출해 한식을 세계에 널리 알리는 데 힘쓰고 있다. 연 매출 700억 원이 넘는 프랜차이즈의 신으로 인정받고 있다. 그는 내놓는 아이템마다 대박을 터트리는 유명한 사업가가 되었다.

하지만 그에게도 어두운 과거는 있었다. 1997년 외환위기가 오자 사업이 부도가 나서 17억 원의 빚을 떠안게 된다. 그리고 사람에 대한 실망으로 죽음까지 생각하게 되었다. 매일 자신의 가게로 빚쟁이들이 몰려왔고, 그들에게 무릎을 꿇고 눈물로 빌었다고 한다.

"이 가게가 없으면 제가 돈을 갚을 수 없습니다. 한 번만 살려주십시오."

그리고 하루에 4시간만 자면서 목숨을 걸고 가게를 키우고 확장해서 성공하게 된다. 그의 성공담은 보는 이의 눈시울을 적시게 만든다. 그의 최종 목표는 프랜차이즈 사관학교를 만드는 것이라고 한다. 그의 성공을 진심으로 응원해주고 싶다. 지금의 기세라면 그의 목표는 곧 달성되지 않을까 생각한다.

그의 저서《백종원의 장사 이야기》에 이런 내용이 나온다.

"마진율에 대해 내가 정말 권하고 싶은 것은 마진을 박하게 가라는 것이다. 처음에는 힘들어도 그래야 장사의 참맛을 알 수 있고 장사하는 즐거움을 누리며 일할 수 있다."

고객의 이름을
5번 불러야 하는 이유

· · ·

"상대방에게는 자신의 이름이 사람의 입에서 나오는
가장 달콤하면서도 가장 중요한 말임을 기억하라."

– 데일 카네기(Dale Carnegie) –

이름을 불러주는 것은 관심을 끄는 가장 강력한 마법이다

"어떻게 제 이름을 아세요?"

오래전에 나에게 계약을 했던 고객에게 전화가 오면 나는 항상 "○○○고객님, 안녕하세요?"라고 친절하게 전화를 받는다. 그럼 고객은 정말 고맙다고 말한다. 한두 번이 아니다. 내가 고객의 이름을 기억해 주는 것은 너무 당연한데, 정말 고맙다고 한다. 고객과 그렇게 친분을 과시하면 계약은 정말 설명도 하지 않았는데 가입하는 때도 많다.

"저번에 말한 거 깜박하고 있었는데 해주세요."

"내 딸도 해야 하는데 마침 잘됐네. 번호 알려줄 테니 전화해보세요."

가장 적은 노력으로 가장 큰 효과를 볼 수 있는 것이 고개의 이름을 불러주는 것이다. 고객이 원하는 것은 거창한 선물이나 화려한 말솜씨가 아니다. 사소하지만 고객을 존중해주는 일이 우리가 해야 할 일인 것이다.

워낙 요즘 세상이 각박하다 보니 은행을 가도 123번 고객님이라고 외치고, 햄버거 매장을 가도 123고객님이라고 외친다. 내 이름은 사라지고 감방의 죄수들처럼 번호를 불러주는 세상이 되어버렸다. 참 안타까운 일이 아닐 수 없다. 가끔 '내 이름이 번호로 불려야 한다니…' 라는 생각에 가끔 화가 날 때도 있다. 이 사회가 뭔가 잘못되고 있다. 그만큼 기업이 더 노력해서 고객 감동 서비스를 한다면 정말 좋은 세상이 올 것이라고 생각한다.

고객의 이름을 불러주어서 구멍가게에서 대기업으로 성장한 회사가 있다. 《육일약국 갑시다》의 저자 김성오 엠베스트 대표다.

"내가 처음 약국을 운영하면서 사용했던 것은 감동 경영법이었다. 나는 모처럼 고객 한 명이 찾아와서 약을 지어가면 그 손님의 이름을 40~50번 부르며 외웠다."

이 모든 성공의 밑바탕에는 고객을 감동하게 하는 경영이 깔려 있기 때문이라고 생각한다. 쉽게 말하면, 섬김의 리더십이다. 고객을 돈으로 보는 것이 아니라 이름을 기억하며 부모님을 섬기듯이 관심을 가지는 관심경영법이다. 나도 상담을 할 때 '이 고객이 정말 원하는 것이 무엇인가?'를 생각해본다. 그럼 답은 정말 사소한 것들이다. 친절하게 웃어주고, 이름을 불러주고, 어떤 위험이 가장 큰 것이고, 고객이 현재 가지고 있는 문제점을 분석해주는 것이다. 쉽게 말하면, 맞춤 컨설팅을 하려고 노력하고 있다. 고객을 회사 매출의 한 가지 수단으로 보는 것이 아니라 맞춤 정장처럼 최대한 고객에게 맞추려고 노력하는 것이다. 그럼 대부분의 고객은 이런 말을 한다.

"아, 저는 그런 거 한 번도 생각해본 적 없었는데 감사합니다. 제가 지금까지 돈을 버리고 있었네요. 제 남편 것도 한번 봐주실래요?"

"네, 그럼요. 몇 가지만 확인하고 보험 내역 봐드릴게요."

"바쁘시지만, 부탁드릴게요. 보험료는 많이 내는데, 정작 보장은 못 받는 경우가 많았어요."

"네, 맞아요. 보험료를 내는 것이 중요한 게 아니라 보장이 중요하죠."

고객의 관심은 최상의 서비스를 받는 것이다

요즘 '호캉스'라는 말이 뉴스에 자주 나온다. 호캉스는 일반 직장인들이 고급호텔에서 휴가를 즐기는 것을 말한다. 왜 그럴까? 바로 집에서는 느껴보지 못하는 최상의 침대, 최상의 수영장, 최상의 음식 등을 대접받고 싶어 하기 때문이다. 나는 고객에게 내가 할 수 있는 최상의 서비스는 보장 분석이라고 말해주고 싶다. 좋지도 않고, 큰 질병이나 사고 시 보장도 못 받는 보험을 가지고 있는 것을 보면 나는 속으로 열불이 난다. 왜냐하면 아버지가 사고 났을 때 돈을 한 푼도 못 받았기 때문이다. 그때 우리는 수술비를 충당하느라 방 2칸에서 1칸짜리 집으로 이사를 했다. 그래서 보장 분석은 누구에게나 필요한 것으로 생각한다.

이○○ 고객님의 분석 사례를 소개를 해보겠다.

이○○ 고객님						

변경 전

보험사	A○○생명	A○○생명				총납입
상품명	우리가족을 위한 평생설계(20년 납)	실속하나로 (20년 납)				2건
보험료	83,939원	44,450원				128,389원
계약일	2008. 06. 17	2012. 08. 10				

변경 후

보험사	M○○생명	A○○생명				총납입
상품명	4대질병건강보험 (20년 납)	실손보험				2건
보험료	74,987원	20,000원				94,987원

(문제점)
- A○○생명은 실비를 제외한 나머지 담보는 소액암(자궁, 유방암등)이 400만 원만 나옴.
- 뇌출혈, 급성심근경색만 있음(뇌졸중 허혈성심장 없음).

이○○ 고객님 변경 후 보장 내용

담보명	보장금액	
일반암	5,000만 원	국립암센터 약 600가지 암
소액암	5,000만 원	유방암, 자궁암, 대장점막내암
고액암	9,800만 원	뼈, 골수, 백혈병 등 고액암
유사암	2,000만 원	갑상선암, 기타피부암, 제자리암, 경성성종양
뇌졸중 진단비	2,000만 원	뇌혈관이 막히는 병, 뇌경색 등
뇌출혈 진단비	2,000만 원	뇌혈관이 터지는 병, 팔다리가 마비가 오는 증세
급성심근경색 진단비	2,000만 원	심혈관이 막히는 병, 극심한 가슴통증
허혈성심장질환 진단비	1,000만 원	부정맥, 심장수술, 스텐트삽입술 등
상해·질병 수술비	100만 원/30만 원	다치는 사고수술, 아파서 병원수술
34대 질병 수술비	100만 원	백내장, 치질, 축농증, 하지정맥, 요실금, 코뼈, 인공관절, 비염, 대장용종, 위용종, 맹장, 자궁근종, 디스크, 녹내장 등 34가지

* 위의 질병·상해 보장은 실손보험에서 받아도 또 받는 중복 보장입니다.

A생명사 우리 가족 보험 83,939원과 실속 하나로 44,450원 가입한 고객이다. 가입은 잘했지만, 문제는 가장 많이 걸리는 소액암(유방암, 자궁암, 대장점막내암)이 400만 원밖에 안 나온다는 점이다. 그리고 뇌출혈, 급성심근경색증과 같은 100명 중의 9명만 진단받는, 한마디로 받기 어려운 보험에 가입이 되어 있다. 이러한 문제점을 해결하기 위해 34개 보험사의 상품을 분석해서 가장 최적의 상품으로 안내해드렸다. 91페이지의 표를 보면 변경 전과 변경 후의 보험료는 약 3만 원 정도 줄어들었고, 92페이지의 표를 보면 전에는 없던 중요한 담보들이 고액으로 가입이 되어 있다. 고객분들은 이렇게 자세한 상담을 받기를 원한다.

이 정도로 설명을 해주면 거의 90% 이상은 이렇게 말해주신다.

"감사합니다. 정말 대단하신 분이시네요."
"혹시, 죄송한데 제 딸과 아들 것도 봐주실 수 있나요?"
"저희 아버지가 혈압약을 드시거든요. 혹시 봐주실 수 있나요?"

그럼 나는 정말 감사하다는 말을 먼저 드린다. 그리고 컨설팅을 하면, 며칠 뒤 가족, 친척, 친구, 회사 동료까지 소개를 해주시는 분들이 많다. 정말 고마운 일이다. 하지만 소개해주신다고 다 가입하는 것은 아니다. 그중에서 병력 때문에 안 되시는 분들도 계시고, 그냥 상담만 받겠다고 하는 분들도 계신다. 그래도 나를 인정해주시는 고객들 덕분에 살맛이 나는 것 같다.

나는 고객에게 최상의 서비스를 제공하는 것이 내가 이 일을 하는 유일한 목적이라고 생각한다. 목이 아파 쉬면서까지 일하는 이유는 단 한 가지다. 내가 고객 사랑을 실천하는 방법은 적절한 보험을 통해 큰 일을 당했을 때 구해드리는 것이다. 소방관들의 사명이 불을 끄는 것이라면, 내 사명은 사고를 당한 고객을 재정적으로 도와드리는 일이라고 생각한다. 사명은 고객에게 최상의 서비스를 제공할 때 가능한 일이다.

고객이 알려준
목소리와 발음의 중요성

· · ·

"진정한 노력은 절대 배신하지 않는다. 평범한 노력은 노력이 아니다."

– 야구선수 이승엽 –

고객이 듣기 좋은 발음, 억대 연봉으로 가는 지름길

"네? 어디시라고요? 좀 정확히 말해보세요."

처음 콜센터에서 일할 때 한 고객이 나에게 말했다. 나는 당황했다.

"○○보험사 김우창 팀장입니다. 안 들리세요? ○○보험사 김우창 팀장입니다."

고객이 대답했다.

"선생님, 거기는 콜센터라면서 상담사들이 알아듣게 말해야지, 웅얼웅얼하면 어떻게 알아듣습니까? 볼펜 좀 입에 물고 연습하세요."

그렇게 전화는 뚝 끊어버렸다. 그날 이후로 나는 열받아서 아침마다 볼펜을 입에 물고 연습했다. 처음에는 "아, 이, 우, 에, 오"를 하면서 입술 근육을 풀어주었다. 그리고 볼펜을 입에 물고 한 글자씩 읽기 시작했다.

"안. 녕. 하. 세. 요. 저. 는. ○. ○. 보. 험. 사. 김. 우. 창. 팀. 장. 입. 니. 다."

글자 하나씩 읽었다. 입이 열려 있으니 침이 옆으로 흐르기도 하고, 볼펜을 물고 하니 치아도 아팠다. 그래도 참고 했다. 마치 아나운서 시험을 준비하는 심정으로 했던 것 같다. 아나운서처럼 매일 10분씩 거의 3개월 정도를 연습했다. 처음에는 턱이 아팠다. 연습하고 난 후에는 한동안 말을 못 했다. '내가 왜 이런 것을 해야 하지?'라는 생각이 들기도 했다. 하지만 고객이 진심으로 나에게 충고를 해준 것이 고마웠다. 그래서 매일 연습했다. 이런 것도 연습했다.

"안 촉촉한 초코칩 나라에 살던 안 촉촉한 초코칩이 촉촉한 초코칩 나라의 촉촉한 초코칩을 보고 촉촉한 초코칩이 되고 싶어서 촉촉한 초코칩 나라에 갔는데 촉촉한 초코칩 나라의 문지기가 '넌 촉촉한 초코칩이 아니고 안 촉촉한 초코칩이니까 안 촉촉한 초코칩 나라에서 살아.'라고 해서 안 촉촉한 초코칩은 촉촉한 초코칩이 되는 것을 포기하고 안 촉촉한 초코칩 나라로 돌아갔다."

이것을 일주일 정도 연습하고 나니 조금씩 발음이 좋아지는 것을 느낄 수 있었다. 한 달 정도 지나자 어떤 고객에게 이런 말까지 듣게 되었다.

"상담사님, 혹시 아나운서신가요? 목소리가 너무 좋으시고 발음도 엄청 좋으셔서요. 제가 직업이 아나운서거든요."

와, 성공이다. 진짜 아나운서에게 칭찬을 들은 것이다. 너무 기뻤다.

그 후로 영화를 보거나 음악을 들을 때는 발음이 정확한지, 부정확한지를 먼저 보게 되었다. 마치 구두 닦는 사람이 누군가를 만나면 제일 먼저 보는 것이 구두인 것과 같았다.

그당시, 내가 연습했던 것을 올려본다.

1. 들의 콩깍지는 깐 콩깍지인가 안 깐 콩깍지인가. 깐 콩깍지면 어떻고 안 깐 콩깍지 어떠냐? 깐 콩깍지나 안 깐 콩깍지나 콩깍지는 다 콩깍지인데.
2. 간장 공장 공장장은 강 공장장이고, 된장 공장 공장장은 공 공장

장이다.

3. 저분은 백 법학박사이고, 이분은 박 법학박사이다.

4. 작년에 온 솥 장수는 새 솥 장수이고, 올해에 온 솥 장수는 헌 솥 장수이다.

5. 상표 붙인 큰 깡통은 깐 깡통인가? 안 깐 깡통인가?

6. 신진 샹숑 가수의 신춘 샹숑 쇼우.

7. 서울특별시 특허 허가과 허가 과장 허 과장.

8. 저기 저 뜀틀이 내가 뛸 뜀틀인가, 내가 안 뛸 뜀틀인가.

9. 우리 집 옆집 앞집 뒷 창살은 홑겹 창살이고, 우리 집 뒷집 앞집 옆 창살은 겹 창살이다.

10. 내가 그린 기린 그림은 긴 기린 그림이고, 네가 그린 기린 그림은 안 긴 기린 그림이다.

좋은 목소리는 콜센터를 평생직장으로 만들어준다

예전에 주소를 바꾸느라 ○○텔레콤에 전화를 한 적이 있다.

"안녕하세요? 고객님 정성과 친절을 다하는 ○○○텔레콤 ○○○ 상담원입니다. 무엇을 도와드릴까요?"

내가 원하는 발음에 목소리였다. 주소를 다 바꾸고 상담원에게 칭찬을 했다.

"정말 목소리도 좋으시고, 발음도 너무 좋으시네요."라고 하니 상담사님이 감사하다며 이런 이야기는 처음 듣는다고 했던 기억이 난다. 나도 그러니 고객들도 같은 기분일 것이다. 나는 더욱 그렇다. 목소리가 좋은 사람이 얼굴이 예쁜 사람보다 더 호감이 간다. 지하철에서도 뒤에서 목소리가 예쁜 분이 통화하고 있으면, 얼굴을 한 번 쳐다보게 된다. 그래서 예전에는 이상형이 여자 아나운서였던 적도 있었다.

내가 좋아하는 목소리는 영화 〈보디가드〉의 주제가 〈I will always love you〉를 부른 휘트니 휴스턴(Whitney Houston)의 목소리다. 약간 중저음의 목소리가 딱 듣기 좋은 것 같다. 나도 목소리가 약간 중저음이라 내 목소리를 좋아하는 고객들은 통화를 오래해도 절대 먼저 끊지 않는다는 생각이 들 때도 있다. 상담원들은 전화로만 상담을 진행하다 보니 목소리가 곧 얼굴이다. 누군가를 만나러 갈 때 여자들은 화장을 고치는 것처럼 상담원들은 목소리를 잘 가꾸어주어야 한다.

목소리를 잘 가꾸기 위해서는 하루 10잔 이상 물을 마셔야 한다. 수분을 충분히 공급하면 성대 점막이 촉촉해져 쉽게 상처가 나는 것을 방지할 수 있다고 한다. 그리고 카페인 음료, 유제품은 멀리해야 한다. 카페인 음료, 유제품은 체내에서 수분을 빼앗아 건조한 성대를 만드는 원인이 된다고 한다. 시끄러운 환경에서는 말을 줄이기 정도다. 시끄러운 환경에서는 큰 목소리 말을 해야 하므로 성대에 무리를 주기 때문이다.

지금도 가끔 상담을 시작하기 전에 입을 풀기 위해 스크립트를 미리 읽어본다. 아주 천천히 그리고 또박또박 읽어본다. 나는 상담에 최선을 다하고 싶다. 만약 당신도 좋은 목소리의 주인공이 되고 싶다면 꼭 한번 해보면 좋겠다.

또 한 가지 팁을 드리자면, 상담을 계속 진행하면 목에 무리가 많이 간다. 그래서 만약 오전에 1시간을 상담한다고 하면 30분 상담, 30분 휴식의 패턴을 지켜보라. 그럼 더 상담에 집중하게 된다. 쉴 때는 좋은 음악을 듣거나 목을 위해 따뜻한 모과차를 먹는 것이 좋다. 무조건 열심히 하는 상담은 목에 무리가 많이 간다. 목이 쉬어서 갈라지는 목소리가 나는 상담원들도 있는데, 이것은 목 관리를 잘하지 못해서 그렇다. 나는 10년이 넘도록 철칙으로 지키는 것이 있는데 바로 가습기를 항상 틀어놓고 상담을 하는 것이다. 여러분도 꼭 가습기를 틀어놓고 상담하기를 추천한다. 요즘에는 작고 귀엽고 저렴한 제품들이 인터넷 쇼핑몰에 많이 나와 있다.

목소리와 발음은 100번 이야기해도 부족하지 않을 정도로 중요하다. 관리법을 꼭 당신의 것으로 만들어 성공하는 상담사가 되길 바란다.

발음을 정확하게 하는 비법

1. 깨끗한 볼펜을 준비한다.

2. 볼펜을 입에 물고 아무 책이나 한 장을 한 글자씩 또박또박 천천히 읽는다.

3. 침이 옆으로 흐를 것을 대비해 휴지도 준비한다.

4. 턱관절이 아프면 잠시 쉬었다가 다시 시도한다.

5. 한꺼번에 10장씩 하는 것보다 매일 조금씩 하는 것이 중요하다.

6. 가습기를 사용해 목을 항상 촉촉하게 유지한다.

7. 30분 상담, 30분 휴식의 원칙을 지킨다.

내가 가장 많이 했던
4가지 실수

· · ·

"사람들은 '제가 잘못했어요.'라고 당당하게 말하는 사람을 좋아한다."

– 조디 골드스타인(Jodi Goldstein) –

첫 번째 실수, 고객의 비난에 울화통이 터져서 감정조절을 못 했다

상담하다 보면 고객들에게 비난이나 모욕을 당하는 경우가 있다. 직접 얼굴을 보고 상담을 하는 게 아니다 보니 오해가 생길 수도 있고, 불쾌감이 들 수도 있다.

주변 상황이 안 좋아지면 사람들은 이렇게 말한다. '내가 하는 일이 다 그렇지 뭐.' 하며 자책하기도 한다. 자존감도 많이 떨어진다. 하지만 그럴 때일수록 다시 한번 내가 가지고 있는 힘을 믿어야 한다. '나에게는 뛰어난 힘이 있어!'라며 자신을 존중하는 마음을 되찾아야 한다.

고객의 비난에도 평온함을 유지하는 방법은 내 몸속의 고객차단기 능을 켜는 것이다. 어차피 나를 무시하는 고객은 더 통화할 필요가 없다. 하루에도 몇 통씩 카드영업 전화, 인터넷영업 전화, 대출영업 전화 등 수많은 전화를 받는다. 그럼 짜증이 난다. 똑같다. 여러분이 상담을 진행하다 보면 거부가 심한 고객을 이해할 수 있는 능력도 있어야 한다. 내가 보험영업 전화를 드렸을 때, 고객이 화를 내는 경우는 대부분 비슷한 전화를 이미 많이 받았을 때다. 그럼 과감히 정리하고 빨리 그 상황에서 빠져나와야 한다. "아, 네. 고객님 그럼 다음에 좋은 혜택으로 다시 찾아뵙겠습니다." 하고 상담 후, 메모에는 '거부고객'으로 등록해놓는다. 이런 필터링을 잘하는 상담사가 스트레스도 덜 받고 행복한 상담을 계속 이어갈 수 있다. 이러한 필터링을 통해 상담을 오랫동안 해도 평온함을 유지하는 길을 선택하자.

두 번째 실수, 고객과 싸워서 이기려고 했다

싸워서 이기면 안 된다. 월드컵축구 4강 신화를 만들었던 2002년 월드컵 당시, 모든 국민들이 이 경기에서 지면 마치 내 인생이 무너지는 것처럼 미친 듯이 응원을 했다. '이겨야 한다, 지면 죽는다.' 밤새도록 가슴을 졸이고 밤잠을 설쳐가며 응원한 기억이 있다. 하지만 세일즈에서는 고객을 이기면 안 된다. 그것은 망하는 지름길이다. 《손자병법》에서도 안 싸우고 이기는 방법이 최고의 전술이라고 한다. 고급 스크립트로 무장해서 정보 전달을 통해 이겨야 한다. 사소한 감정싸움을 하면 고객이 민원을 걸게 된다. 당당하게 싸우다가 더 큰 민원으로 돌아온다.

"○○보험 든 지 ○○년 되었는데 보험금 청구해도 한 푼도 나오지 않아요."
"제가 가입시켜드린 게 아니잖아요?"

이러면서 싸우면 안 된다. 이런 고객은 빨리 무조건 고객을 안심시키고 경청한다.

"○○○고객님, ○○보험사를 대신해서 제가 먼저 죄송하다고 말씀드립니다."

이렇게 문제를 해결하는 방향으로 상담을 진행해야 한다. 최대한 정중하게 해야 한다. 그런 고객이 나중에 계약으로 이어지는 경우를 많이 보았다.

내가 처음 콜센터에 들어가서 가장 많이 했던 실수는 첫 콜에 계약을 끌어내리려고 무리하게 영업을 한 것이었다. 그럼 바로 취소나 철회가 들어온다. 시간 낭비, 체력 낭비가 심하면 많은 계약을 하기 어렵다. 그럴 때는 첫 통화 때 다음 약속을 잡아야 한다. 예를 들면 이런 것이다.

"설명은 잘 들었어요. 생각 좀 더 해볼게요. 당장은 필요하지 않아요."

"네, 그렇죠 고객님. ○○보험사에서는 ○○담보가 ○○원인데, 저희는 같은 조건에서 ○○원밖에 하지 않습니다. 고객님, 보험은 나중에 하시면 나이가 많아져 보험료도 오르고, 병력이 있으시면 가입조건이 안 되실 수도 있어요. 고객님은 게다가 ○○사고도 있어서 돈 한 푼 받아본 적도 없으시잖아요. ○○원 가입해서 아프실 때 ○○만 원 받아가시면 이익이죠. 앞으로 관리 잘해드려서 필요 없는 지출을 막을 수 있도록 도와드리겠습니다. 제가 간단한 문자 하나 남겨드릴게요. 다음 주쯤 다시 한번 전화하겠습니다."

첫술에 배부른 사람은 없다. 두 번, 세 번 지속적인 터치는 고객도 나를 신뢰하는 계기가 된다. 이것은 나중에 소개로 이어지기도 한다.

세 번째 실수, 중요한 알릴 의무사항을 제대로 이해하지 못했다

대부분의 사람은 자신이 잘못한 것은 절대로 인정하려고 들지 않는다. 상담에서도 고객에게 본의 아니게 실수한 부분이라든지, 설명을 잘못한 부분은 언제든 생길 수 있다. 반드시 정정하고 실수를 인정해야 한다. 나중에 큰 문제가 생길 수 있기 때문이다.

예를 들어 암보험을 가입시켰는데, 예전의 병력을 알리지 않고 계약을 체결한 경우, 나중에 암보험금을 청구했을 때 문제가 발생할 수 있다.

"○○○상담사님, ○○병원에서 암으로 진단을 받았습니다."

"네, 그럼 잠시만요. 보장 내용 좀 확인해보겠습니다."

"○○보험금 지급되십니다. 팩스 번호 알려드릴게요. 그쪽으로 청구하시면 돼요."

정상적인 계약을 체결했다면 아무 문제가 없다. 하지만 불완전판매를 했다면 한푼도 못 받는 경우도 발생한다. 그것을 보험사에서는 '알릴 의무 위반'이라고 한다. 예전에 ○○질병으로 진단받은 적이 있는데, 고지를 하지 않고 암보험에 가입한 경우, 그 부분에 암이 진단되면 보험금을 받기 어렵다. 고객은 암을 진단받으면 몇천만 원을 받을 줄 알고 있었지만, 나중에 알릴 의무 위반으로 돈을 못 받는 경우는 발생하지 말아야 한다. 나도 예전에 보험을 판매하는데, 고객이 알릴 사항을 알리지 않아서 질병이 없는 줄 알고 가입시켰다가 나중에 보험금이 지급되지 않은 일을 겪은 적이 있다. 잘 마무리가 되어서 다행이었지만, 만약 큰 질병이었다면 내가 크게 손해를 보게 될 뻔한 일이 었다. 한 건의 계약을 하는 것은 중요하지만, 제대로 하는 것이 더 중요하다.

네 번째 실수, 나에게 맞는 회사와 상품을 선택하지 못했다

내가 처음에 입사해서 한 가장 큰 실수는 회사 선택이었다. 처음에 너무 어려운 상품을 판매하다 보니 적응하는 데 많은 문제가 발생했다. 여러 가지 상품을 판매하는 회사는 초보에게 추천하지 않는다. 처음에는 한 상품만 판매하는 회사가 좋다. 왜냐하면 너무 많은 것을 공부해야 하기 때문이다. 실제로 억대 연봉 상담사들 가운데에는 한 가지 상품만 판매하는 분들도 많다. 처음에 너무 많은 공부를 하면 의욕이 떨어지게 된다. 반드시 한 가지 상품만 판매하는 회사를 선택하기를 바란다. 처음부터 너무 많은 상품을 판매하는 곳은 초보자들에게는 체력 낭비, 시간 낭비, 돈 낭비를 하게 된다. 나에게 맞는 회사와 상품을 고르는 방법은 이런 것이다. 먼저 팔기 쉬운 상품을 위주로 말해보겠다.

내가 암보험을 좋아한다면, "암보험 전문센터"
내가 운전자보험을 좋아한다면, "운전자보험 전문센터"
내가 치아보험을 좋아한다면, "치아보험 전문센터"
내가 주택화재보험을 좋아한다면, "주택화재보험 전문센터"

이런 식으로, 내가 좋아하는 상품을 먼저 고르고, 그다음에 회사를 결정해야 한다. 대한민국에는 수많은 보험사가 있지만 전략 상품은 다들 다르다. ○○보험사는 암보험, ○○보험사는 치아보험, ○○보험사는 운전자보험 같은 특화 전략을 구사하기 때문이다. 이 순서를 거꾸로 해서 회사를 먼저 골라버리면 판매하기 싫은 상품을 파느라 시간 낭비, 돈 낭비, 체력 낭비를 하게 된다. 이것은 무척 중요하다. 먼저 내가 좋아하는 상품을 고르고, 그다음에 회사를 선택해야 한다. 아무렇게나 수수료가 높다고 덜컥 입사해버리면 많은 고생을 해야 한다. 실적도 안 나오고 업무 효율도 떨어지고 무엇보다 오래 근무하기가 힘들게 된다. 내가 처음에 입사했을 때는 아무도 나에게 이런 중요한 이야기를 해주는 사람이 없었다. 그래서 몇 년을 고생하면서 깨달은 것이 있다.

'다른 사람은 이런 고생을 하게 하면 안 되겠다.'

그래서 나는 1:1 코칭, 매주 강연 등을 통해 회사를 어떻게 고르고, 상담은 어떻게 해야 하는지를 알려주고 있다. 또 고객을 어떻게 분석하고 상담해주어야 하는지도 코칭해주고 있다. 배우는 비용이 만약 100만 원이라고 한다면, 최소 1,000만 원 이상은 매년 벌어갈 수 있게 상담을 해준다. 코칭을 받은 사람들은 내 동생을 비롯해서 여러 사람이 있다. 지금 여러 콜센터에서 현재 매달 1,000만 원씩 받으면서 일하고 있다. 그중에는 나에게 감사하다고 말하는 사람도 있지만, 그렇지 않은 사람도 있다. 아무튼, 그들은 나의 가장 큰 보람이다.

축구선수 박지성에게는 히딩크가 있었다. 그래서 세계적인 축구선수가 될 수 있었다. 결혼식 사진 촬영을 친구에게 맡기는 사람은 없다. 반드시 전문가에게 맡겨야 한다. 하물며 가장 중요한 취업을 아무에게나 맡겨서는 안 된다. 전문가에게, 억대 연봉을 받아본 사람에게, 콜센터에서 10년 이상 경험한 사람에게 맡겨야 한다.

내가 경험해본 결과, 상위권 연봉자들은 엑기스를 가르쳐주지 않는다. 나처럼 이렇게 가르쳐주지 않는 것이다. 자기만의 비밀무기는 절대 오픈하지 않는다. 자잘한 것은 알려주지만, 고액 계약하는 방법같이 고급 기술은 절대 알려주지 않는다. 만일 알려준다면, 자신이 받아야 할 시상에서 제외되는 아픔을 겪어야 하기 때문이다. 하지만 나는 나의 모든 노하우와 계약하는 방법을 1:1 코칭과 6주 과정을 통해 전수해주고 있다. 010-8126-5016 언제든 문의 전화를 주면 된다. 카페로 문의해도 좋다. 네이버에서 '한국텔레마케팅코칭협회'를 치면 된다. 꼭 성공적인 상담사가 되기를 기도한다. 그래서 많은 사람을 큰 사고에서 구해주는 슈퍼맨이 되기를 바란다.

 김우창 팀장의 노하우 박스

처음 상담하면서 가장 많이 했던 4가지 실수

1. 고객의 비난은 당연하다. 필터링을 통해 평온함을 유지하라. (스트레스받지 말라.)
2. 고객과 싸워서 이기려고 하지 마라. 지속해서 터치하라. (문자와 소통을 통해 성공하라.)
3. 병력 고지를 제대로 하지 않으면 몇천만 원 물어준다. (정확한 고지를 하면 오랫동안 일 할 수 있다.)
4. 좋은 회사보다 나에게 맞는 상품을 먼저 선택해야 한다. (전문가의 조언을 들어라.)

20억 원이 넘는 빚더미 속에서 꿈을 잃지 않고 베스트셀러 작가가 된

이지성

이지성 작가는 대학을 2.2의 학점으로 졸업했다. 21살 때부터 아버지 빚의 보증을 서기 시작했다. IMF가 터지면서 아버지의 빚은 전부 신용정보회사로 넘어갔고, 이때부터 살인적인 이자가 붙기 시작했다. 27살에 병장으로 제대했을 무렵, 보증 빚은 20억 원이 넘어 있었다. 27살 9월에 초등학교 교사가 되었는데, 빚 때문에 31살까지 도시 빈민 생활을 했다. 31살 7월에 이러한 생활을 청산하고, 경기도립 성남 도서관 바로 밑에 있는 달동네로 이사했다.

그는 20억 원의 빚더미 속에서 자신의 꿈을 포기하지 않았다. 정확한 인생의 나침반을 가지고 있었다. 고난의 쓰레기 더미 속에서 자신이 성공한 모습을 생생하게 그렸다.

'나는 반드시 대한민국 최고의 베스트셀러 작가가 될 것이다.'

34살에《여자라면 힐러리처럼》으로 인기도서 작가가 되었다. 여기서 중요한 점은 그의 이러한 성공이 단기간에 만들어지지 않았다는 것이다. 그는 지속적인 자기암시를 했다. 쉬지 않고 성공에 대한 그림을 그렸다. 그를 유명작가로 만든 것은 할 수 있다는 확언을 계속한 노력 덕분이었다.

이후《꿈꾸는 다락방》,《리딩으로 리드하라》,《생각하는 인문학》등이 대형 베스트셀러가 되었다. 총판매량은 420만 부를 넘겼다. 대표작들은 미국, 중국, 대만, 일본, 인도네시아, 베트남 등에서 번역 출간됐다. 지금은 폴레폴레 회원들과 지역아동센터 인문학 교육 봉사 활동을 6년 넘게 해오고 있으며, 폴레폴레, 한국 기아대책, 드림스드림과 함께 저개발국가에 학교와 병원 등을 지어주는 프로젝트도 진행하고 있다. 지금까지 학교와 병원 등을 총 18개 지었다. 앞으로 100개 넘게 짓겠다는 목표가 있다고 한다.

아무도 알려주지 않는
1등 하는 방법

· · ·

"힘없는 자의 용기만큼 공허한 것은 없지요. 세상을 바꾸려거든 힘부터 기르세요."

– 드라마 〈정도전〉 중에서 –

1등 하는 상담사의 스크립트를 배워라

억대 연봉 상담원과 초보 상담원의 차이는 무엇일까? 가장 큰 차이는 상담할 때 쓰는 스크립트다. 고급스러운 스크립트와 일반적인 스크립트를 비교해보자.

| 예시 1 - 실손 보험 |

A상담원 : "고객님, 실손 보험은 내가 낸 병원비를 돌려받는 보험입니다. 매년 갱신되는 거로 최근에 바뀌었고요. 먼저 물어봐야 하는 게 있어요. 혹시 약을 드시거나 최근에 수술, 입원하신 거 있으세요?"

B상담원 : "고객님, 실손 보험은 크게 상해와 질병에 대한 보장으로

나뉩니다. 고객님이 사소하게 감기로 링거를 맞는 것부터 암, 치매, 중풍, 고혈압, 당뇨, 관절염, 디스크까지, 모든 질병과 다치는 것, 즉 넘어지고, 깨지고, 찢어지는 상해까지 보장되고요. 수술비와 병원 입원비, 링거, 주사, 약값, 식대까지, 퇴원 시 수납과에 내고 나오시는 병원비를 돌려드리고, 당일 외래로 검사하시는 단순 MRI, CT, 내시경, 초음파와 엑스레이는 물론, 외래진료비까지 돌려드리는 보험입니다. 오늘 가입하시면 내일부터 안과, 산부인과, 내과, 종합병원 등 보장을 바로 타 먹을 수 있는 보험입니다. 가입 전에 병력심사가 까다로워서 여쭈어보는 것인데, 혹시 최근에 약 드시거나 수술, 입원하신 적 있으세요?"

당신이 고객이라면 어떤 상담사에게 가입할 것인가? 나는 B상담원같이 전문적이고 자세하게 설명해주는 사람에게 가입할 것 같다. A상담원은 뭔가 대충하는 느낌이 들고, 정성이 많이 부족한 것을 느낄 수 있다.

콜센터에 처음 들어와서 하는 실수 중 하나다. 내가 잘 모른다고, 상담 중에 "잠깐만요." 하고 실장님에게 달려가서 물어보는 등 초보티를 팍팍 낸다면, 고객의 신뢰를 얻을 수 없다. 고급스러운 스크립트는 스스로 부단히 노력해야 한다. 책을 보거나 인터넷을 뒤져보거나 좋은 콜을 들으면서 메모해서 완벽히 내 것으로 만들어야 한다. 그렇지 않으면 내가 상담하는 것이 저렴해진다. 여기서 '저렴하다'는 표현은 '시간을 투자했는데 아무런 소득이 없을 수도 있다'는 말이다. 그럼 상위권으로 올라갈 수 없다.

다른 상품을 예로 들어보자. 수술비를 설명한다고 해보자.

| **예시 2 - 수술비 보험** |

A상담원 : "질병 수술비는 아파서 병원 가시면, 수술비 보장받는 담보예요. 만약 최근에 수술, 입원하신 게 많으면 가입이 안 되시거든요? 혹시 그런 게 있으셨나요?"

B상담원 : "질병 수술비는 요즘 필수입니다. 요즘은 100세 시대라고 하는데요. 오래도록 건강하게 사시면 좋지만, 만약 아프시기라도 하면 큰돈 들어가게 됩니다. 고객님이 나이대에 꼭 필요한 담보는 이런 것들입니다. 100세까지 보장해드리고요. 머리끝부터 발끝까지 아파서 병원 가실 때 금전적으로 부담이 크실 텐데, 62대 질병 수술비는 백내장, 치질 수술, 하지정맥, 편도, 관절염, 디스크까지 보장됩니다. 그뿐만 아니라, 요즘 나이 드시면 가장 많이 하시는 녹내장, 갑상선, 수술비도 최대 300만 원까지 보장해드리는데, 저렴하게 ○○○원만 내시면 이 모든 보장을 다 받으시는 거고요. 보험료가 계속 올라가지 않는 비갱신형이기 때문에 보험료 걱정도 하지 않으셔도 됩니다. 만약 최근에 수술이나 입원하신 적이 있으면 가입 한도가 줄어들거나, 할증되실 수 있는데, 혹시 그런 적 있으셨나요?"

독자 여러분이 고객이라면 어떤 상담원에게 가입할 것인가? 지금이라도 당장 고급스러운 스크립트를 연구해서 사용해보기 바란다. 책도 보고 인터넷 검색도 해보고 잘하는 사람의 콜도 들어보는 것이다. 그리고 하루에 한 문장씩 좋은 것을 발췌하는 것이다. 그러면 상담이 전문적으로 변하고, 고객들도 나를 전문가로 인식하게 된다. 그럼 수익은 자연히 늘어날 것이다. 당신의 눈앞에 탄탄대로가 펼쳐질 것이라 확신한다.

1등 상담사와 신입생은 종이 한 장 차이다

우리가 하는 일은 고객이 미처 알지 못하는 부분을 말해주는 데 있다. 고객이 어떤 상황에 부닥쳤을 때, 어떤 도움을 줄 수 있을까? 그 부분을 고민해서 스크립트를 작성한다면, 여러분은 전문상담사로서 성공할 수 있을 것이다.

사실 고액 연봉자와 콜센터에 처음 들어온 신입 직원의 차이는 종이 한 장 차이다. 스크립트는 계속 스스로 개발해야 한다. 그날의 뉴스에 화재사고가 크게 났다면 스크립터에 그 화재사고를 넣는다. 신문이나 잡지에 암보험료가 다음 달부터 인상된다고 나오면, 다음 날 사용할 스크립트에 적용한다. 사례들을 수집한 후, 바로 상담을 하면서 나는 고객들의 반응이 궁금해진다. '이거 써먹어도 될까?' 고객들에게 반응이 좋다면 계속 적용하고 키워나간다. 만약, 고객들의 반응이 시원하지 않고 결과가 나쁘다면 그 사례는 삭제한다. 그리고 다음에 넣을 사례를 인터넷이나 잡지와 신문 등을 통해 수집한다. 그리고 또 한 번 적용해본다. 이런 과정들이 익숙해지면 당신을 억대 연봉자로 만들어줄 스크립트가 완성된다. 억대 연봉자들은 가만히 앉아 있는 것 같아도 주말이나 쉬는 날에도 계속 연구한다. 오리가 물 위에 가만히 떠 있는 것처럼 보이지만, 물밑에서는 다리를 쉬지 않고 움직이고 있는 것처럼 말이다.

나는 지금까지 수백 번 스크립트를 고쳤던 것 같다. 회사마다 주력으로 판매하는 상품이 있기에 회사의 상품이나 콘셉트에 맞게 써야 한다. 많은 상담원이 콜센터에 오래 적응을 하지 못하는 이유는 바로 이런 것을 누가 알려주지 않기 때문에 그렇다. 그래서 써먹고 싶은 스크립트를 스스로 개발해야 한다. 내 경험상 6개월만 하면 전문가 수준의 상담을 할 수 있다.

김우창 팀장의 노하우 박스

1등 하는 상담사의 스크립트를 연구하라

1. 상담 전에 보험상품마다 좋은 스크립트를 만들어둔다.
2. 상담 전에 운전자보험, 실비보험, 암보험 등을 유튜브나 책을 통해 개념을 익혀둔다.
3. 상담 전에 고액 연봉자들이 쓰는 좋은 멘트를 적어서 컴퓨터에 붙여둔다.

난독증에 고교 중퇴자에서 버진그룹 회장이 된

리처드 브랜슨(Richard Branson)

리처드 브랜슨은 버진그룹의 창업자이자 회장이다. 세계적 경영 컨설팅 그룹 엑센추어에서 '50대 경영그룹'로 선정되었으며, 환경 문제에 적극적으로 앞장서면서 '지구를 구할 영웅'으로 불릴 만큼 존경받는 기업가다. 1967년 버진레코드의 성공을 시작으로 항공, 철도, 모바일서비스, 레저, 스포츠, 미디어, 금융, 건강, 환경, 자선사업에 이르기까지, 지칠 줄 모르는 도전정신으로 손대는 사업마다 성공 궤도에 올려놓았다. 탱크를 타고 뉴욕 한복판에서 콜라를 쏘아대며 버진콜라를 알리고, 버진모바일 광고판에 자신의 누드를 선보이는 등 그는 글로벌 기업 회장으로서의 격식을 과감히 벗어던지고 자신을 마케팅 수단으로 삼는 데 주저함이 없다.

하지만 그는 어릴 적 문제가 많았다. 난독증에 고교 중퇴자이며, 정규교육을 받지 않았다. 한마디로 사회 부적응자였다. 아무도 그가 성공할 것이라고는 생각하지 않았다. 어떻게 이런 그가 세계적 기업에 회장이 되었을까? 그의 철학은 '삶은 웃고, 서로 사랑하고, 감사하는 방법을 터득하는 방법'이라고 말한다. 주어진 일에 하루하루 희생하면서 사는 삶은 너무 고통스럽다고 한다. 스스로 행복해지니 성공했다는 표현이 어울릴 것 같다.

그의 자서전 《내가 상상하면 현실이 된다》에서 조금 힌트를 얻을 수 있다.

"나는 내 시간의 3분의 1은 광고에, 3분의 1은 새로운 모험에, 그리고 3분의 1은 문제해결에 투자한다."

콜센터에서
당신만의 재미를 찾아라

· · ·

"희망은 전혀 비용이 들지 않는다."

– 시드니 가브리엘 콜레트(Sidonie-Gabrielle Colette) –

재미는 돈 걱정 없는 평생직장을 선물해준다

보험 콜센터는 한번 들어와서 재미있게 일하고 잘 적응하면 못 나간다. 상담원들은 1년 정도만 잘 적응하면, 일반 대기업 직장 부장급 정도의 연봉을 받는다. 그럼 아침에 일어나서 바로 출근하고 싶어진다. 재미있게 일하는 방법을 알면 빨리 일하고 싶어진다. 덤프트럭을 운전하는 한 친구는 월수입이 1,000만 원이 넘는다. 하지만 남는 게 300만 원도 안 된다. 비용이 너무 많이 들어가기 때문이다. 반면, 콜센터는 비용도 많이 안 들어간다. 처음에 제대로만 배워놓으면 정말 평생직장에 고수익을 벌게 된다.

그 비결은 오래 일해도 지치지 않게 해주는 재미를 찾는 것이다. 아이들이 놀이터에서 밤새도록 노는 이유가 무엇인가? 바로, 재미있기 때문이다. 그럼 비용도 많이 들지 않는 평생직장을 얻을 수 있다. 그리고 재미있게 일하면서 자녀들도 좋은 데 유학 보낼 수 있다. 실제로 상위권 상담사들은 자녀들을 캐나다, 영국, 독일, 싱가포르 등으로 유학 보내는 경우가 많다. 휴가 때마다 자녀들을 만나러 비행기에 몸을 싣는다. 다른 직장에서는 꿈도 못 꾸는 일일 것이다.

콜센터에서 일하는 친한 친구가 언젠가 이런 말을 했다.

"내 친구는 5년 동안 일해서 월급 200만 원에서 250만 원으로 올랐어. 사무직인데."

내가 말했다.

"부럽니? 그러면 거기로 가려고?"

친구는 말했다.

"아니, 여기서 하루에 한 건만 해도 300만 원을 받는데, 거기서 야근하고 스트레스받으면서 일하는 거는 못 하겠다."

사실이다. 콜센터에서 돈을 벌던 사람이 다른 직장으로 가는 것을 본 적이 없다. 왜냐하면, 이곳만큼 재미있고 자유로운 업무 분위기에 높은 급여소득을 받을 수 있는 곳이 드물기 때문이다. 여기에 적응하면 다른 직장에 못 간다. 상담 수준에 따라 매달 1,000만 원 받는 상담원이 수두룩하다. 그중에는 주말에도 예약이 있으면 나가서 1시간 정도 일하고 점심 먹고 집에 오는 상담사들도 많다. 여름에는 에어컨 빵빵하게 나오니, 집에 있기 싫어 일부러 주말에 나오는 분들도 많이 보았다. 이런 곳에 일하다가 200~300만 원 받으면서 일반 사무직에서 상사 눈치를 보며 일할 수 있을까?

한번 들어오면 못 나가는 또 다른 이유는 진입장벽이 낮다는 것이다. 가장 좋은 점은 입사 면접에서 따로 스펙을 보지 않는다. 대기업에 입사하는 것처럼 토익, 토플을 공부하지 않아도 된다. 어려운 영어 공부, 세계 각국의 언어를 공부하지 않아도 된다. 공무원을 준비할 때처럼 국어, 영어, 한국사, 사회, 과학, 수학, 관세, 행정학 개론을 공부하지 않아도 된다.

단지 한국어만 잘 알아듣고 말할 줄 알면 된다. 아니, 더 자세하게 설명한다면, 잘하지 않아도 된다. 콜센터에서는 전혀 경험이 없는 사람을 더 선호한다. 왜냐하면 상담해보던 사람들은 비교가 되기 때문에 불평과 불만이 많다. "이거는 마음에 드는데, 이 부분은 저번 회사가 더 좋은 것 같아."라고 투덜거리며 센터 분위기를 엉망으로 만들기 시작하면 답이 없다.

하지만 처음 시작하는 사람들은 가르쳐주면 고마워하며 그대로 한다. 그럼 실력이 금방금방 는다. 기초부터 차근차근 알아가는 재미도 쏠쏠하다.

재미있는 상담의 비결은 고객을 잘 분류해놓는 것이다

그런데 보험 콜센터는 무작정 들어가서 일하면 한두 달 일하다가 그만두기 쉽다. 절대 쉬운 일이 아니다. SBS 〈생활의 달인〉에서 달인의 요리 만드는 과정은 정말 기가 차다. 한 번은 찹쌀떡을 만드는데, 달인이 8시간 동안 쉬지 않고 주걱을 돌리는 것을 본 적이 있다. 달인의 실력은 시행착오를 거쳐 생긴 것이다. 하루이틀에 걸쳐서 탄생한 것이 아니다. 보험 콜센터에서 달인이 되려면 체계적으로 배워야 한다.

재미있게 상담하는 방법은 이런 것이다. 비결은 B상담사처럼 고객을 분류하고 잘 선택하는 데 있다. 그럼, 상담이 매우 재미있어진다. 여러분은 제일 친한 친구와 통화하고 웃고 떠드는 시간이 지루한가? 아니다. 무척 즐겁고 재미있다. 그 이유는 바로 나와 친밀한 관계이기 때문이다. 재미있는 상담은 친밀도를 높이는 데 있다.

A상담사 : 일주일 동안 상담한 고객에게 다시 한번 다 전화를 돌린다.

B상담사 : 일주일 동안 상담한 고객 중에서 보험에 호감이 있고 내 말을 잘 들어주는 고객에게만 전화를 돌린다.

A상담사는 무척 피곤할 것이다. 반응도 없고, 지루하고 힘들 것이다. 그 이유는 전화를 무작위로 돌리면 나에게 관심조차 없는 고객과 몇 시간 동안 상담을 해야 하기 때문이다. 반면 B상담사는 고객 분류를 잘해놓았기 때문에 보험 상담을 진행할 때 무척 호감도가 높다. 1차에서 바빴던 고객들도 2차에서는 더 길고 오랫동안 상담을 진행할 수 있다. 이처럼 고객을 평소에 잘 분류해놓으면 더 많은 시간 상담할수록 계약도 많이 하고 즐거운 상담이 될 수 있다. 이것이 몇 시간을 통화해도 즐겁게 통화할 수 있는 비결이다.

10년 동안 콜센터에 일하면서 나에게 이런 것을 제대로 알려주는 사람이 없었다. 이것이 내가 이 책을 쓰는 가장 큰 이유다. 좋은 직장임에도 돈 버는 법을 알려주는 사람이 단 한 명도 없었다. 내가 네이버 카페에서 재미있게 일하는 법, 고급 상담법, 취업 방법 등을 강의하는 이유도 이것이다.

내가 경험한 억대 연봉자들은 정말 열심히, 재미있게 일한다. 재미있으니까 늦게까지 일한다. 대부분이 고졸 출신 악바리들이었다. 그들은 매년 수억 원씩 번다. 여기서 중요하게 생각해야 하는 것은 재미가 있어야 오래 일할 수 있다는 점이다. 일 속에서 재미를 찾게 되면 자동으로 오래 일하게 되고, 재미를 찾게 되면 실적도 자연히 올라간다. 내가 연도 대상을 받게 된 가장 큰 이유는 콜상담에서 재미를 찾았기 때문이었다. 주변 동료들도 말한다.

"나는 너 옆자리 가서 일하고 싶다."
"같이 일하면 너무 즐겁다."

이런 말을 해줄 때 정말 고마웠다. 한 번은 내가 옆에서 상담하는 것을 듣다가 웃겨서 친구가 뒤로 넘어지는 일도 있었다. 나는 그냥 상담하는 건데 웃겼나 보다.

재미를 느끼는 또 다른 방법은 우주의 법칙을 이해하는 것이다. 세상에는 많은 사람이 있다. 혼자 잘 먹고 잘사는 사람들도 많지만, 우주의 법칙은 주고받는 관계다. 하늘에서 비가 내리면, 그 비가 땅을 깨끗이 씻어주고, 그 물로 수많은 식물, 동물들, 나무 등을 살리고, 식물, 나무, 동물들은 우리에게 좋은 영양분을 공급해준다. 자연의 법칙, 우주의 법칙은 돌고 돌며 유기적으로 다 연결되었다.

만약 혼자만 잘 먹고 잘산다면 아마 우리는 모하비 사막 같은 황량함을 겪게 된다. 주변에 사람이 다 떠나고 나중엔 혼자만 남게 된다. 수많은 억대 상담사들을 많이 보면서 내린 결론이다. 사람들은 돈을 많이 벌면 좀 나눌 줄도 알아야 한다. 그래야 친구들도 생기고 즐거운 분위기의 일터가 된다. 이것은 우주의 법칙이라고 생각한다. 부자들이 왜 기부를 많이 하는가? 기부는 행복을 가져다주는 최고의 행위이기 때문이다.

우주의 법칙에 어긋난 삶을 살아가는 것은 무척 외롭다. 나도 겪어본 이야기를 하는 것이다. 우리는 외롭게 살도록 창조된 인간이 아니다. 한자에서 '사람 인(人)' 자도 서로 기대고 있는 모습이다. 재미없는 콜센터에서 재미있는 콜센터로 만드는 것은 나의 의지에 달려 있다. 그것은 꽉 막힌 인생을 중지하고 베푸는 인생으로 가야 가능하다.

나는 네이버 카페를 운영하고 있지만, 그 주인은 여러분이다. 여러분의 성공을 위해 만들어놓은 모임 장소다. 적극적으로 활용하길 바란다. 우주의 법칙을 잘 활용하면 성공하게 되어 있다. 성공도 하고 일을 즐겁게 하게 되니 나가고 싶은 생각이 안 드는 것이다. 재미를 찾게 되니 상담도 즐거워진다. 내가 10년 동안 일을 할 수 있었던 것은 이 재미가 가장 큰 계기였다.

"콜센터는 처음 하는데, 잘할 수 있을까요?"
"정말 스트레스받지 않고 재미있게 일할 수 있나요?"

걱정하지 않아도 된다. 처음 일하는 사람도 적응하게 회사에서 도와준다. 코칭이 없으면 돈을 많이 벌기까지는 시간이 좀 걸리겠지만 말이다. 내가 네이버 카페에서 10년 비법을 1년이면 다 숙달할 수 있게 해준다. 우리나라 콜센터 문화는 시스템이 잘 갖춰져 있다. 초보자들을 위한 프로그램이 잘 만들어져 있기 때문에 이 부분은 걱정하지 않아도 된다.

 김우창 팀장의 노하우 박스

재미있게 일하는 직장에서 돈버는 노하우

1. 돈, 시간, 재미를 충족시키는 직장인가?
2. 정년이 되면 나가라고 하는 직장인가?
3. 내가 잘할 수 있도록 지원해주는 시스템이 있는 직업인가?
4. 고객을 잘 분류해서 좋은 고객들과만 상담하라.
5. 우주의 법칙을 잘 이용해서 재미있는 인생을 살자.

고객이 무엇을 원하는지를 알면
계약이 쏟아진다

• • •

"지식보다 중요한 것은 상상력이다."

– 알버트 아인슈타인(Albert Einstein) –

고객이 원하는 것은 저렴한 가격이 아니다

혹시, 성공한 사람들이 많이 탄다는 고급 승용차 벤츠의 광고를 본 적이 있는가? 고급 승용차의 대명사 벤츠 광고 중에 기발한 광고가 있어서 소개해본다.

눈이 오는 한겨울에 빙판길을 거침없이 달리는 자동차가 한 대가 나타난다. 그리고 운전자는 주변을 살피며 운전을 하고 있다. 그런데 갑자기 조수석에 악마가 나타난다. 그는 갈고리가 달린 지팡이를 들고 운전자에게 이렇게 말한다.

"sorry."

그러자 운전자의 앞에는 길을 가로막고 서 있는 대형트럭이 나타난다. 운전자는 다급하게 브레이크를 밟으며 트럭 앞에 정지한다. 그러곤 이렇게 말한다. "sorry." 이 말을 들은 저승사자가 당황하며 광고는 끝난다.

여기서 여러분은 어떤 점을 느꼈는가? 중요한 것은 이 광고가 엄청나게 비싼 광고라는 점이다. TV를 틀어 황금시간대(저녁 6~8시)의 광고들을 한번 살펴보면 그 공통점을 발견할 수 있을 것이다. 그것은 바로, 자사상품이 얼마나 좋은 상품인지 너무 자세하게 설명을 하지 않는다는 것이다. 브랜드를 강조하는 이미지 광고다.

반면, 저렴한 자동차들은 가성비를 앞세워 소비자를 공략한다. 얼마나 싼지 비교하고, 동급최강이라는 표현을 하면서 판매에 열을 올린다. 하지만 비싼 자동차들은 자신의 브랜드의 차를 팔기 위해 엔진이 몇 마력이고, 최대출력이 얼마고, 이런 것은 절대 말하지 않는다. 그들이 말하는 것은 오로지 편안한 승차감, 그 차를 타는 사람을 바라보는 주변 사람들의 시선과 얼마나 대단한 브랜드인지다.

나는 보험 상담도 똑같다고 생각한다. 몇 년 동안 보험료를 내야 하고, 중도인출은 언제부터 가능하고, 갱신형인지 비갱신형인지 고객은 그것에 별로 관심이 없다. 고객이 알고 싶어 하는 것은 바로 당신이 정말 믿을 수 있는 사람인지, 당신의 브랜드를 알고 싶어한다. 예를 들어서 여러분이 시장에 가서 길거리에서 파는 김밥을 먹는다고 하자. 그럼 가장 먼저 물어보는 것은 아래와 같은 질문일 것이다.

1. 믿을 수 있는 김밥인가?
2. 원산지 표시는 어떻게 하는가?
3. 먹어서 잘못되면 어떻게 연락을 하는가?

김밥을 먹어도 이렇게 따지는데 몇십 년을 납입해야 하는 보험을 가입하는 데 바로 가입할 수 있겠는가? 먼저 고객이 원하는 것을 충족시켜주자. 그것은 바로 신뢰의 문제다. '나는 어떤 사람이다. 내가 ○○한 경력이 있다.'라는 것을 알릴 수 있도록 명함이나 다른 방법으로 프로필을 만드는 것도 좋은 방법이다.

고객이 원하는 것은 브랜드, 경력, 보상 처리 능력, 혜택이다

앞의 사례에서 우리가 중요하게 생각해야 하는 것이 있다. 바로 고객이 원하는 것은 우리가 일반적으로 교육받은 상품 설명이나 보험료를 저렴하게 하는 것이 아니라는 점이다. 이 한 가지만 안다면 이 책값의 10배는 벌어가는 것이다. 고객들이 진정으로 원하는 것은 나라는 사람이 어떤 사람이고, 신뢰할 수 있는 이유를 말해주는 것이다.

예를 들어, 종신보험에 가입한다고 치자.

"우리 회사는 다른 회사에 비해 얼마가 더 저렴하고, 사업비는 얼마가 더 저렴하고, 공시이율은 얼마가 더 높습니다."

이런 설명은 할 필요가 없다. 내가 지금 말하는 요점은 세일즈에서 고객이 원하는 것에 맞추라는 것이다. 그것은 다름 아닌 '나'라는 브랜드, 경력, 보상 처리 방법, 혜택을 상세하게 설명하는 것이다. 고객이 자신이 보험에 가입했을 때 받게 될 혜택에 초점을 맞추는 것이다. 이것은 매우 중요한 부분이다. 말하자면 이런 것이다. 종신보험에 가입할 때 고객이 상상하도록 설명해보자.

"고객님의 자녀는 현재 5살입니다. 만약 고객님이 갑자기 불의의 사고나 질병에 걸린다면 그 병원비를 충당하기 위해 큰 비용이 들어갈 겁니다. 그럼 아이들은 아마 학업을 포기해야 할 상황이 올지도 모릅니다. 그리고 생활은 굉장히 궁핍해질 겁니다. 그럼 고객님을 대신해서 저희 회사가 아이들을 대학까지 졸업시킬 경제적 도움을 준다면 어떨까요? ○○○원에 고객님의 5살 자녀의 미래가 달려 있다고 생각합니다. 저는 ○○ 보험사 경력이 총 ○○년입니다. 많은 고객분께 보험금청구와 사망보험금을 전달해드렸습니다. 직업이 ○○이셨던 ○○고객님께는 ○○보험금을 청구해드렸는데, 부산이었는데도 직접 제가 찾아가서 해결해드렸습니다. ○○고객님은 보험금청구에 문제가 생겨 수술을 당장 못 하고 계셨습니다. 제가 ○○의 도움을 드려 무사히 수술을 마치실 수 있었습니다. 그분은 아직도 저에게 감사하다는 문자를 보내십니다. 이 보험은 ○○보장을 ○○년 동안 해드리고 만기 때 ○○%의 환급금을 돌려드립니다. 저의 가족이라 생각하고 ○○보장을 권해드리고 싶습니다. 고객님."

　이 정도 브랜드, 경력, 보상 처리 방법, 혜택 등을 들어보고 가입하지 않을 사람이 있을까? 고객이 진정으로 원하는 것은 무조건 저렴한 보험이 아니다. 적절하고 믿을 수 있는 사람에게 좋은 보험을 가입하는 것이다. 이것은 단지 사례일 뿐이다. 더 좋은 멘트를 개발하는 것은 여러분의 몫이다. 분명한 사실은, 브랜드 홍보는 상위 0.1%의 상담사들이 쓰는 비법이다. 이것을 만약 여러분만의 기술로 개발할 수만 있다면, 여러분은 내가 100% 장담하는데 조만간 억대 연봉자가 될 것이다.

　고객에게 신뢰를 주면 대부분의 고객에게는 OK사인이 나온다. 그럼 계약은 끝난 것이다. 그다음에 해야 할 일은 금액을 정해주는 것이다. 아무리 좋은 상품도 고객이 유지하지 않으면 그 계약은 할 필요가 없다. 나에게 마이너스가 되기 때문이다. 적절한 금액을 안내하는 것이 중요하다. 여기까지 성공했으면 보험료 납부금액은 10만 원, 20만 원이 아니라 내 경험상 100만 원, 200만 원짜리 계약도 나온다. 고객이 직접 신뢰하기만 하면 그다음부터 금액은 기하급수적으로 올라간다. 그 보험으로 인해 자녀가 받을 혜택이 크면 클수록 금액은 커지기 때문이다. 이 점을 상담사들이 놓치고 있다. 사실 쉽지는 않다. 하지만 꾸준히 조금씩 노력하면 반드시 큰 고액 계약을 하는 날이 올 거라 확신한다.

고객이 원하는 상담을 하려면 고객에게 억지로 가입시키려는 생각을 버려야 한다. 그럼 항상 뒤따라오는 부작용이 있다. 일할 때 멘탈이 붕괴하기 때문에 능률이 떨어진다는 점이다. 아무리 좋은 상품이라고 해도 고객이 계속 '정말 좋은가?'라고 생각한다면 계약하면 안 된다. 콜센터에서 계약을 할 때는 억지로 하면 안 된다. 그것이 오래 일하고 평생직장이 되고 높은 연봉을 받을 수 있는 가장 중요한 비결이다.

김우창 팀장의 노하우 박스

고객이 원하는 상담을 하자

1. 내가 원하는 것이 아니라 고객이 원하는 것을 파악하라.
2. 최악의 상황을 가정해 상담하라.
3. 고객의 현재 문제점이 무엇인지 알려주는 것이 우리 일이다.
4. 고객에게 보험을 설명하지 마라. 그 보험금이 어떤 일을 하는지를 말해주어라.
5. 고객이 보험을 통해 가족을 사랑하는 방법을 알려주어라.

대학 삼수생에서 직원 수 2만 3,000명의 알리바바 그룹의 회장

마윈(Ma Yun)

마윈 회장은 직원 수 2만 3,000명인 알리바바 그룹의 회장이다. 2014년 9월 19일, 전 세계 언론의 눈이 뉴욕 증권거래소에 쏠렸다. 세계 최고의 전자상거래 업체인 알리바바가 상장되는 날이었기 때문이다. 공모가는 주당 68달러였으나 매수자가 모여들면서 종가는 93.89달러로 무려 38% 폭등해 페이스북을 제치고 인터넷 기업 중 2위에 오르는 기염을 토했다. 이날 주식 못지않게 스포트라이트를 받은 사람은 바로 알리바바의 창업주인 마윈 회장이었다.

그는 고입 재수생, 대학 삼수생이었다. 또한, 작은 키에 못생긴 얼굴을 가지고 있었다. 가난한 집안에서 태어나 비명문대를 졸업하고 자본금조차 제대로 구하지 못했던 그였기에, 아무도 그가 성공할 것이라 말하지 않았다. 어릴 적부터 너무 가난해서 주변 사람에게 놀림을 당했던 그는 그는 늘 주먹을 불끈 쥐고 호언장담했다.

"나는 포기하지 않을 것이다."

"세상에 어려운 거래는 없다!"

그의 말이 현실이 된 것이다. 그가 어떻게 이런 기적을 이루어냈을까? 《알리바바 마윈의 12가지 인생강의》에는 이런 말이 나온다.

"배포는 억울함을 이겨내면서 커지며, 억울함이 클수록 더 성장한다. 한두 번 실패를 거듭한다고 해서 죽지 않는다."

3장

사원에서
역대 연봉 텔레마케터가 되는 비결

나는 매달 100만 원씩
세미나에 투자한다

· · ·

"순간의 선택이 모여 인생이 된다. 선택의 순간들을 모아두면 그게 삶이다."

– 드라마 〈미생〉 중에서 –

세미나 투자는 나를 추월차선으로 가게 해주었다

퀴즈를 하나 내보겠다. 다음의 두 사람 중 누가 더 부자가 될 것 같은가?

직장인 A : 1년 동안 매달 100만 원씩 은행에 저축만 하는 사람

직장인 B : 1년 동안 매달 100만 원씩 자신의 몸값을 올려주는 배움에 투자하는 사람

나는 1초의 망설임도 없이 B라고 말해주고 싶다. 그 이유는 몸값에 있다. 직장인 A는 몸값이 굉장히 천천히 올라간다. 나의 아버지가 가난했던 이유도 바로 A와 같은 직장인이었기 때문이다. 이 부류의 특징

은 직장 경력이 오래될수록 올라가기 때문에 아주 느리다.

하지만 직장인 B는 몸값이 엄청난 속도로 올라간다. 배움을 통해 그의 가치가 올라가기 때문이다. 가치는 연봉을 결정하는 중요한 역할을 한다. 그럼 그것을 알아보고 서로 모셔가려고 안달이 날 테니 당연히 더 빨리 부자가 되는 것이다.

내가 존경하는 작가 중에 동경의대와 대학원을 졸업하고, 의학박사와 경영학 박사학위를 취득한 이노우에 히로유키(井上弘之)라는 분이 있다. 그는 치과의사 겸 작가다. 베스트셀러 《배움을 돈으로 바꾸는 기술》에서 그는 자신의 몸값을 올리는 것은 배움에 투자하는 것밖에 없다고 말한다.

"실제로 제 수입은 적극적으로 배움에 나선 순간부터 놀라운 속도로 늘어나고 있습니다."

저자는 미국 뉴욕대학교에서 연구했고, 세계 수준의 의학 지식과 기술을 일본에 전파한 의사로서 높은 평가를 받는 사람이다. 그는 지금까지 약 1억 엔(약 10억 원)을 배우는 데 투자했고, 지금은 약 100억 원의 자산가가 되었다고 한다. 투자한 것 대비 정말 대단한 수익이다.

나도 그것을 직접 경험한 사람이다. 나는 청년 백수였지만 매달 세일즈 관련 세미나와 책에 약 1년간 매달 100만 원 정도를 투자하고, 지금은 억대 연봉을 받고 있다. 내가 투자한 돈에 비하면 굉장한 수익률이다. 그리고 네이버 카페를 통해 많은 사람에게 그 비법을 전수해주고 있다.

만약 내가 이 돈을 은행에 저축해두었다면 나는 매달 150만 원 받는 보험 콜센터 사원에 지나지 않았을 것이다. 그리고 사람들은 나를 그렇게 중요한 사람이라고 생각하지 않을 것이다. 그냥 평범하게 살았을 것이다.

"여보세요, 학교 공부면 됐지, 사회에 나왔으면 일해서 돈을 벌 생각을 합시다."

나의 아버지가 그런 교육방식으로 가난해졌고, 나도 젊은 시절 가난하게 살았다. 자신의 몸값을 올리는 것은 배우는 데 투자하는 것밖에 없다. 나의 아버지와 같은 사고방식을 가진 분들에게 나는 조용히 다가가 이렇게 말하고 싶다.

"핸드폰도 주기적으로 업그레이드를 시켜줘야 하는데, 하물며 사람이 계속 그 자리에 있다면 발전이 있겠습니까?"

엄청 바쁜 대기업 회장님들도 세미나를 찾아서 듣는다

미국에 자동차의 전설 헨리 포드(Henry Ford)는 "40세까지 저축하지 말고 자신에게 투자하라."라고 충고했다.

내 생각에 자신에게 투자하는 사람은 몸값이 높아진다. 그래서 부자들은 모두 배움에 투자했다고 볼 수 있다. 그렇다고 저축을 하지 말라는 말이 아니다. 저축도 중요한 자산을 증식시키는 효과가 있다. 하지만 당신의 직업에서 상위권자가 되기 전까지 저축은 당신에게 좋지 않다고 말하고 싶다.

예를 들어, 당신이 만약 아파서 병원에 누워 있다고 하자. 그럼 의사가 의학지식에 많은 투자를 한 사람이고, 박사학위도 있고, 수술 경험도 많다. 그리고 또 한 명의 의사는 겨우 의대만 졸업했다. 의학지식에는 전혀 투자하지 않았고 수술 경험도 많지 않다. 그럼 당신은 어떤 의사에게 당신의 아픈 몸을 맡길 것인가? 당연히 자신에게 투자를 많이 한 의사일 것이다.

이번에는 당신이 보험에 가입하려고 한다. 한 상담원은 보험 관련 투자를 많이 해서 연도 대상도 받았고, 해외연수도 빠짐없이 다닌 억대 연봉자로 고객과 많은 상담을 진행했다. 반면 또 다른 상담원은 상담 세미나, 상담 강의, 상담 책 등 아무런 투자도 하지 않고 자기 마음대로 상담하는 사람이다. 당신은 어떤 상담원에게 당신의 보험을 맡기겠는가? 당연히 자신에게 투자를 많이 한 상담원일 것이다.

당신이 지금의 연봉을 몇 배로 늘리고 싶다면, 나는 무조건 보험 관련 세미나에 등록하라고 말하고 싶다. 내 경험상 비싼 세미나는 퀄리티가 좋다. 1~2만 원짜리 값싼 강의보다 500~1,000만 원 강의가 더 좋다. 그만큼 값을 하기 때문이다. 강사의 프로필도 확인해야 한다. 유명하고 경험이 많은 강사일수록 좋다. 실력이 없는 강사에게 가서 돈을 쓰는 일은 없도록 하자. 남의 책으로 이야기한다거나 남의 성공담만으로 강의를 진행하는 곳이 있다. 하지만 남의 이야기가 아니라 반드시 직접 경험한 이야기를 하는 곳을 가기 바란다.

세미나를 통한 코칭을 받으면 성공이 빨라진다

세미나를 듣고 고객에게 상담하는 방법이 바뀌었다. 일방적인 상담이 아니라 고객이 상상하게 하는 상담을 하게 되었다.

"고객님, 좋은 운전자보험이 있어요. 가입하시죠?"

전에는 이렇게 말했다면 지금은 다음과 같이 이야기한다.

"고객님, 운전도 하시고 일하고 계시잖아요? 혹시나 운전하다가, 운동하다가, 일하시다가 다치시면 경제활동을 하기 어려워지실 수 있잖아요. 매달 들어가는 생활비, 병원비, 수술비 등 다 걱정이 되실 텐데, 그런 거 전혀 걱정 없도록 일하시다가, 운동하시다가, 등산하시다가 다치시거나 교통사고나 산재사고까지 다 포함해서 사고당 합산 후유장해 ○○% 시에는 매달 200만 원씩 7년 동안 총 1억 6,000만 원을 월급처럼 받으실 수 있도록 생활비 신청 올려드렸어요. 예전에 자동차 조립 업무를 하셨는데 변경사항은 없으셨나요? 그럼 꼭 필요한 담보시네요. ○○

고객님은 얼마 전에 손가락이 기계에 끼어서 ○○% 진단받으셔서 ○○만 원 받아가셨거든요. 아무 사고도 없이 나중에 퇴직하실 때쯤 노후자금 쓰시면서 여행도 다니시라고 만기 때는 ○○만 원을 고객님 통장에 넣어드려요. 고객님도 다른 분들처럼 오늘부터 보장받으실 수 있도록 ○○ 보험 기계약자이시다 보니 3% 할인 적용해서 ○○원에 간단하게 몇 가지만 확인하고 심사 올려드릴 건데, 괜찮으시겠죠?"

나는 자신 있게 말한다. 더 많은 돈을 벌기 위해, 배움에 투자하라. 나 또한 직장인으로 평범하게 살아왔기 때문에 처음에는 '너무 낭비 아닌가?' 하는 생각이 들었다. 그러나 나는 세미나, 책, 강의에 투자하지 않고 성공한 사람은 거의 보지 못했다.

콜센터에 일하면서 알게 된 한 누님이 계셨는데, 그분은 자신에게 투자하는 것을 매우 싫어하셨다. 자신에게 관련된 책 한 권 사서 읽는 것을 본 적이 없고, 매일 일이 힘들고, 안 되고, 그만두고 싶다고 말하며, 신세 한탄만 하는 분이다. 성공에 대한 의지도 없고, 자신에게 투자하는 것은 마치 돈 낭비인 것처럼 느끼신 듯하다. 그분이 만약 책도 사서 읽고 세미나에 등록해서 자기계발에 열을 올린다면 내가 장담하건데, 매년 억대 연봉은 충분히 벌 수 있을 것이다.

자신에게 투자하는 것은 어떠한 투자보다 가장 수익률이 좋다. 돈을 사용하는 방법은 그 사람의 철학이 반영되어 있기 때문이다. 성공한 사람들의 책을 읽어보라.

나는 보험 콜센터에 투자했다. 나는 왜 수많은 직장 중에 보험 콜센터에 투자했을까? 그것은 바로 다음의 5가지 항목을 충족시키는 유일한 직장이기 때문이다.

1. 평생 정년 없이 일할 수 있는 직장은 없을까?
2. 일하는 것 대비 돈을 많이 버는 가성비 좋은 직장은 없을까?
3. 결혼해서도 집에서 아이들 돌보며 일할 수 있는 직장은 없을까?
4. 나는 스펙이 없는데, 스펙을 안 보는 직장은 없을까?
5. 밖에서 영업하는 것, 지인들 영업하는 것 싫고 사무실에서 일하는 곳은 없을까?

바로 보험 콜센터가 답이다. 나는 5가지 항목을 모두 충족시키는 보험 콜센터를 적극적으로 추천하고 싶다.

김우창 팀장의 노하우 박스

내 수입을 늘려주는 세미나에 투자하자

1. 나의 몸값을 올리려면 나에게 투자해야 한다.
2. 혼자 책으로 공부하는 것보다 세미나에 가는 것이 100배 효과적이다.
3. 돈이 없다면 너무 많지 않은 선에서 대출을 적당히 이용하라.
4. 부자들이 왜 세미나에 투자하는지 곰곰이 생각해보라.
5. 코칭 없이 성공하는 것은 0.1%뿐이다. 모험하지 마라.

배달하던 친동생,
콜센터 억대 연봉자로 만들다

· · ·

"살다 보면 전혀 예상치 못한 순간에 문이 열리고 미래가 들어온다."

– 그레이엄 그린(Graham Greene) –

월급 150만 원 받던 내 동생을 억대 연봉자로 코칭하다

"형, 어떻게 그렇게 돈을 많이 벌어?"

자동차 부품 배달 일을 하는 친동생이 나에게 물었다. 최저시급을 받던 내 동생 K는 고등학교를 졸업하고 월급 150만 원을 받던 배달원이었다. 나는 일에 집중하느라 동생을 돌보지 못했다. 그럴 시간이 있으면 한 건의 계약을 더 하는 것이 나을 것이라 생각했기 때문이다.

하지만 어느 날, 어머니가 나에게 간곡한 부탁을 해왔다.

"그래도 동생인데 네가 도와줘야 하지 않겠니? 너만 잘되면 뭐가 되겠니? 가족이 잘되는 게 네가 잘되는 거다."

일반 직장에서도 상사가 부하직원을 가르치는 데는 한계가 있다. 일해본 사람은 알겠지만, 내가 도와줄 수 있는 부분은 정해져 있다는 것이다. 과연 내 동생이 이 일을 할 수 있을까? 동생과 만나서 대화를 나누어보았다. 동생은 형이 시켜주면 정말 열심히 할 수 있다는 말을 했다.

"그럼, 한번 해보자."

제일 먼저, 내가 아는 실장님의 회사에 취업 면접을 보게 했다. 그리고 합격할 수 있도록 면접 방법도 알려주었다. 10년 동안 면접을 수없이 보았던 터라 내가 시키는 대로 대답하라고 일러주었다. 다음 날 합격통보가 문자로 날아왔다.

"K님, ○○보험사에 면접 합격을 통보해드립니다. 교육은 ○○일 때부터 시작되니 필기구를 지참하시고 그날 10시까지 출근하시면 됩니다."

내 동생도 이제 보험 콜센터에 입문하게 되었다고 너무 기뻐했다. 배달 일을 하며 150만 원을 받던 동생이 이제 큰돈을 벌 수 있다는 기대감에 밤잠을 설쳤다고 한다.

그때부터 나의 코칭은 정식으로 시작되었다. 아직 설계사 코드가 없었던 터라 보험설계사 시험 공부를 하게 했다. 시험 공부도 무조건 책을 다 공부할 필요는 없다. 나는 문제 위주로 공부하라고 알려주었다.

내가 집에서 노는 사람은 아니었기에 온종일 붙들고 가르칠 시간은 없었다. 대신 하루하루 숙제를 내주었다. 오늘은 스크립트, 그다음 날은 녹취 방법, 그다음 날은 목소리 훈련 등 지속해서 계획을 세워 가르쳤다. 회사에 출근하기 전에 한 번 코치를 해주고 저녁에 상담한 것을 피드백해주었다.

나의 코칭으로 매달 1,000만 원씩 받는 내 동생

다음 자료는 동생이 첫 월급부터 억대 연봉을 받기까지의 월급 수령 명세서다.

2017.02.24 14:01:01	김우항
인터넷	입금 **10,000**원
⌄	잔액 **429,376**원
2017.02.24 11:20:53	**ACE AMERI**
인터넷	입금 **1,208,750**원
⌄	잔액 **429,376**원

코치를 시작하고 첫 월급은 120만 원이었다. 하지만 시간이 지날수록 내가 가르친 방법으로 급여가 점점 불어나는 것을 볼 수 있다. 급여는 2번 들어온다. 한 번은 월급이고 한 번은 프로모션 시책이나 시상에 대한 급여다.

2017.03.24 11:51: 48	ACE AMERI	2017.04.25 11:37:20	ACE AMERI
인터넷	입금 **3,391,720**원	인터넷	입금 **350,000**원
⊙	잔액 **3,462,325**원	⊙	잔액 **5,586,380**원

2017.03.24 11:50:26	ACE AMERI	2017.04.25 11:33:48	ACE AMERI
인터넷	입금 **70,000**원	인터넷	입금 **5,236,380**원
⊙	잔액 **70,605**원	⊙	잔액 **5,236,380**원

2017.05.25 11:25:52	ACE AMERI	2017.06.23 12:12:21	ACE AMERI
인터넷	입금 **5,438,620**원	인터넷	입금 **5,810,500**원
⊙	잔액 **6,319,772**원	⊙	잔액 **8,809,941**원

2017.05.25 11:24:38	ACE AMERI	2017.06.23 12:11:18	ACE AMERI
인터넷	입금 **510,000**원	인터넷	입금 **360,000**원
⊙	잔액 **881,152**원	⊙	잔액 **2,999,441**원

2017.07.25 11:45:43	ACE AMERI
인터넷	입금 **6,519,380**원
⊙	잔액 **7,506,806**원

2017.07.25 11:44:49	ACE AMERI
인터넷	입금 **500,000**원
⊙	잔액 **987,426**원

2018년 1월부터는 급여가 거의 월 900만 원에 육박하게 되었다. 그 이후로 내 동생은 거의 매달 900~1,000만 원의 소득을 꾸준히 올리고 있다. 이것은 실화다.

2018.01.25 12:03:29	ACE AMERI
인터넷	입금 **676,900**원
⊙	잔액 **8,773,310**원

2018.01.25 12:01:30	ACE AMERI
인터넷	입금 **8,096,410**원
⊙	잔액 **8,096,410**원

나의 노하우로 동생을 억대 연봉자로 만들었다는 사실이 지금도 믿기지 않는다. 정말 온 힘을 기울여 가르쳤던 것 같다. 아침에는 볼펜 물고 발음 연습부터 시작하게 했다. 목소리를 틔우기 위해 노래도 크게 틀어놓고 소리를 지르게 했고, 스크립트도 거의 매일 검토했다. 녹취 속도도 너무 느렸기에 점점 빨리 할 수 있도록 만들었다. 물론 이 모든 것은 내 노력만으로 된 것이 아니다. 동생의 열정이 더해졌기에 가능하다고 할 수 있다.

내 동생 K는 지금은 좋은 집도 사고, 모델 같은 제수씨와 결혼도 하고, 예쁜 자녀도 생기고 좋은 일들이 끊임없이 일어나고 있다. 여러분도 나의 강의, 나의 책을 통해 그렇게 될 것이고, 그렇게 되기를 바란다.

만약 동생이 계속 배달 일만 하며 살았다면, 아마도 지금보다는 덜 행복한 삶을 살고 있을 것이다. 지금도 하루하루 앞날을 걱정하며 살고 있었을 것이다. 배달 일을 하던 내 동생도 내 코치를 통해 억대 연봉자가 되었다. 당신도 이 책을 보고 있다면, 그만큼 절실하다면, 나를 찾아오라. 내가 당신을 정말 목숨 걸고 지도해줄 수 있다. 그리고 당신은 당신이 생각보다 더 위대하다는 사실을 잊지 마라.

이것 한 가지만 기억하자. 억대 연봉자 대부분은 이런 노하우를 숨기고 알려주지 않는다. 내 경험상 그렇다. 하지만 나는 그렇지 않다. 많은 사람과 함께 부자가 되는 것이 나의 꿈이고, 비전이다. 그것이 이 책을 쓰는 가장 큰 이유이고, 나의 사명으로 생각한다. 백수가 와도 나는 가르칠 수 있다. 왜냐하면 내가 청년 백수였기 때문이다.

나의 도움이 필요한 사람들을 위해 네이버 카페를 운영하고 있다. 네이버에 '한국텔레마케팅코칭협회'를 치면 나온다. 거기에서 필요한 정보를 많이 습득할 수 있을 것이다. 그것도 시원하지 않은 분들은 나에게 전화나 문자나 카카오톡 메시지를 주면 된다. 내가 목숨을 걸고 코치해줄 수 있다. 번호는 010-8126-5016이다. 혹시 강의나 상담 중이라 못 받을 때는 문자를 남겨놓으면 된다.

나는 동생을 코치할 때 한 방법을 그대로 여러분에게 전수해줄 수 있다. 대한민국에서 콜센터 상담을 나만큼 잘 알려주는 사람은 없다고 자부한다. 자신 있다. 경험자로서 말하는 것이다. 부끄러워하지 말고 전화나 문자를 주면 친절히 응대하겠다.

내 동생을 월급 1,000만 원 받게 만든 비법

1. 동생을 코치할 때 가장 중요하게 생각한 것은 내버려두는 것이었다.

2. 스스로 비법을 알게 하는 것이 가장 좋은 코칭이다.

3. 나는 가는 방향을 잡아주는 역할을 했다. 노력은 동생이 하는 것이다.

4. 보험 콜센터는 입사하면 100만 원 정도의 교육비를 준다. 그리고 작은 금액의 리쿠르팅비와 음식도 제공한다. 합치면 총 150만 원 정도를 받는다.

   (이직할 때 큰 도움을 받을 수 있다.)

5. 당신이 상위 상담사라면 이직할 때 500~3,000만 원을 받고 움직인다.

6. 내 동생은 나의 코칭을 받고 1년 만에 매달 1,000만 원씩 받는다. 당신도 할 수 있다.

빈민가에서 태어나 가난과 심장병을 극복하고
세계 최고의 축구선수가 된

크리스티아누 호날두(Cristiano Ronaldo)

크리스티아누 호날두는 축구공 하나로 세계를 지배한 젊은 영웅이다. 현재 포르투갈 축구 국가대표팀의 주장이며, UEFA 챔피언스 리그, 레알 마드리드 CF, 포르투갈 역대 최다 득점자이자 발롱도르 최다 수상자로, 축구 역사상 최고의 선수 중 한 명으로 평가받고 있다.

하지만 그에게도 숨기고 싶은 과거가 있었다. 그는 포르투갈의 가난한 섬마을에서 태어났다. 아버지는 알코올 중독자였고, 형은 마약 중독자였다. 청소부였던 모친이 생계를 꾸렸다. 지금은 당당한 신체조건을 가지고 있는 호날두지만, 어린 시절에는 제대로 먹지 못해 '말라깽이'라는 별명을 가지고 있었다. 호날두는 작고 왜소한 체격, 감수성 많은 성격, 궁핍한 집안 형편 등 여러 가지 악조건으로 인해 주목받지 못했다.

그러나 그의 가슴 안에는 뜨거운 열정과 거대한 꿈이 자리 잡고 있었다. 슬픔과 불행이 때로 엄습해오기도 했지만 그는 자신을 믿었다. 미래를 향한 희망으로 똘똘 뭉쳐 있었다.

그를 알아본 사람은 세계 최고의 구단 중 하나인 '맨체스터 유나이티드'의 퍼거슨(Alex Ferguson) 감독이었다. 입단 제의를 받고 호날두는 눈물을 흘리며 어머니에게 이렇게 말했다.

"어머니, 더 이상 청소부 일을 하지 않으셔도 돼요."

구멍 난 축구화에 외톨이, 심장병을 가진 소년은 그렇게 크리스티아누 호날두가 되었다.

《호날두는 우리와 무엇이 다른가》의 저자 한준은 이렇게 말한다.

"우리는 각자의 한계가 어디까지인지 알 수 없다. 매일, 매년 내가 보내는 시간을 즐기고 있고 나의 실력을 발전시키기 위해 노력한다."

매달 월납 300만 원이
가능한 이유

· · ·

"돈은 유일한 해답은 아니지만, 차이를 만들어낸다."

– 버락 오바마(Barack Obama) –

가족 계약으로 월납 300만 원을 만들자

처음 콜센터에 들어오면 누구나 한 번쯤 놀라게 되는 지점이 있다.

"한 달에 계약 10건 하기도 힘든데, 상위권 상담사들은 어떻게 50~60건씩을 달성하는 걸까?"

건당 보험료가 5만 원이라고 한다면, 한 달 동안 10건을 체결하면 50만 원이다. 50건을 체결하면 250만 원이다. 그렇다면 월납으로 300만 원을 만드는 것이 과연 가능한 일일까. 답은 의외로 간단하다. 가족 계약을 끌어내면 가능하다.

콜센터에는 하루에 50만 원, 60만 원을 계약하는 일이 허다하다. 매달 10건 정도밖에 못 한다면 30건, 40건을 만들어내는 방법을 배워야 한다. 이것을 알지 못한다면 고액 연봉자가 되기 매우 힘들다.

콜센터에 입사해서 10건을 가입시켰다면 고객관리를 통해 30건, 40건으로 연결해야 한다. 이것이 억대 연봉을 받는 가장 중요한 기술이다. 일단, 가족 계약을 많이 하려면 필요한 공부를 해야 한다. 시간을 투자하고 공부를 해야 한다. 책도 읽어보고 연령대별로 보험이 왜 필요한지를 공부해야 한다.

예를 들면 다음과 같다.

- 60세 이후 분들에게는 치아보험 : 임플란트 개수 제한 없이 한 개에 200만 원 지급
- 70세 이후 분들에게는 치매 간병보험 : 치매 진단 시 매달 200만 원 평생 지급
- 결혼한 부부에게는 정기보험 : 가장의 사망 시 2억 원 지급
- 병력이 있는 분들에게는 건강보험 : 사망 원인 1위, 2위, 3위는 암, 뇌혈관, 심혈관
- 임산부에게는 태아보험 : 저체중아 출생 시 1,000만 원 보장
- 위험한 일을 하는 분들에게는 상해보험 : 일하다 낙상사고로 수술 시 500만 원 지급
- 운전하는 분들에게는 운전자보험 : 내 잘못 없이 억울하게 사고

당했을 시 형사 합의 최대 1억 원 지급

- 암에 대한 가족력이 있으신 분들에게는 암보험 : 60~70세 암 발병률 1위

이런 것들은 어색하게 꾸며서 이야기하면 안 된다. 상담하면서 자연스럽게 나와야 한다. 20대 사무직과 상담하면서도 어머님 암보험을 이야기해보고, 50대 자영업자와 상담하면서 자녀의 운전자보험을 이야기하는 것이다. 이것은 단기간에 이루어지지 않는다. 경험이 쌓여야 자연히 나오게 된다.

암튼, 가족 계약을 많이 하는 것이 억대 연봉으로 가는 가장 빠른 지름길이다. 이것은 고객관리를 잘하면 누구나 가능한 것이다.

○○○고객님과 1건의 계약을 체결했다고 하자. A상담원은 그냥 1건에서 끝낸 후, 관리를 하지 않는다. B상담원은 1건에서 끝내는 것이 아니라 4~5건으로 계약을 연결한다. 여러분은 A상담원이 될 것인가? B상담원이 될 것인가?

고액 연봉으로 가는 가족 계약을 위한 필수 멘트

B상담원이 되기 위해 알아야 할 필수 멘트가 있다. 이건 특허를 내야 하는 건데, 이 책을 보시는 분들이 모두 억대 연봉을 받을 수 있도록 특별히 공개하도록 하겠다. 내가 10년 동안 수천 건의 보험 계약

을 하면서 사용했던 가족 계약을 하는 노하우를 알려주겠다. 나보다 더 높은 실적을 하는 상담원들도 이 방법을 이용하고 있다. 다만 말하지 않을 뿐이다. 만약, 여러분이 처음에 콜센터에 입사해서 10명에게 10건을 가입시켰다고 하자. 그럼 그다음 달에 10명의 고객에게 다시 전화해서 30~40건을 만드는 방법이다. 이 방법을 알고 실천한다면 약 1,000만 원짜리 비결을 벌어가는 것이다.

그런데 반드시 유의해야 할 점이 있다. 가입하자마자 전화를 하면 안 된다는 것이다. 그럼 세일즈 냄새가 너무 많이 난다. 특별히 전화했다는 점을 강조해야 하는데, 그러려면 잠시 기간을 주는 게 좋다. 마치 좋은 프로모션이 있는데 고객님이 갑자기 생각이 났다는 말을 할 수 있어야 한다. 첫 계약을 하고 그다음 달쯤에 다음과 같은 안내를 다시 한번 드리는 것이다.

"○○○ 고객님, 지난 달에 ○○○보험 가입시켜드린 ○○○ 팀장입니다. 서류는 잘 받아보셨나요? 네, 앞으로 궁금하신 점이 있거나 문의 사항이 있으시면 문자 남겨드릴 테니 저에게 전화를 다시 주세요. 다름이 아니라 지난번에 가입하신 분이 ○○ 사고를 당하셨는데 ○○ 부위를 많이 다치셨어요. 병원비가 ○○만 원 나왔는데 보험금을 청구한다고 저에게 전화가 왔습니다. 그런데 ○○ 부위는 보장이 안 되어서 크게 실망하시고 화도 내셨어요. 그래서 고객님께 제일 먼저 전화하는 건데요, ○○ 보장은 지금 없으시거든요. 그럼 나중에 보험금 청구를 못 해드리기 때문에 고객님 생각나서 바로 전화했어요. 더 좋으신 것은 고객님은 ○○보험을 가입하고 있기 때문에 매달 ○○% 할인적용 해드려서 ○○보험료로 ○○보장을 받으실 수 있거든요. 그런데 이 돈은 없어지는 돈이 아니라 만기 시에 ○○원 ○○%를 돌려드리거든요. 보장을 받아도 좋고 안 받아도 좋아서 대부분 고객님이 너무 좋다고 신청을 많이 해주셨거든요. 다른 분들은 미리 안내해드리고 아들도 해달라, 딸도 해달라 하셔서 신청 접수는 거의 다 끝났어요. 고객님도 ○○원밖에 안 하는데 ○○원 보장을 받으실 수 있도록 신청 도와드릴게요. 그리고 이게 언제 끝날지 몰라서 가족분들께도 안내해드릴게요."

상품마다 조금씩 멘트를 바꿔가며 사용하면 된다. 추가 계약 시 중요한 점은 "신청, 도와드릴까요?" 하면 안 된다는 것이다.

"그럼 생각해볼게요."라는 말이 나올 확률이 90% 이상이다. 나도 처음에 이런 실수를 너무 많이 했다. 그래서 많은 고객을 놓쳤다. 반드시 "신청 도와드릴게요, 안내해드릴게요."라고 해야 한다. 사소한 것 같지만 아주 중요한 포인트다.

추가 계약에서 고객에게 말할 때는 반드시 확신과 자신감을 전달해야 한다. 여러분의 자녀가 학교에 간다고 인사를 하고 나가는데, 신발주머니를 놓고 갔다고 해보자. 그럼 "○○아, 신발주머니 가져가야지!" 하고 긴급하게 확신을 갖고 말하게 되어 있다. 상담도 마찬가지다. 반드시 가입해야 한다는 생각을 가지고 말해야 한다. 그럼 고객이 '아, 정말 고맙다.'라고 생각하게 되는 것이다.

보험을 판매할 때 가장 중요한 것은 바로 자신감이다. 고객에게 ○○보험이 필요하다고 확신을 가지는 것이다. 그럼 고액 연봉도 따라오고 큰 성과를 통해 고객들도 좋아하는 '윈윈' 관계가 되는 것이다. 사업이든, 부동산 계약이든, 마트에서 물건을 사는 것이든 고객과 파는 사람 모두에게 이익이 되는 회사가 잘되고 성공하는 것이다.

반대로 나에게만 이익이 된다면 그 계약은 머지않아 철회나 해지가 들어온다. 고객은 당장은 혹해서 가입할 수는 있지만, 자신에게 불리한 계약은 금방 알아차린다. 요즘 고객님들은 그만큼 똑똑하다. 당신이라면 좋지도 않은 계약을 몇 년, 몇십 년을 낼 수 있을까? 아니다. 계약은 반드시 윈윈 관계가 성립되어야 오래갈 수 있다.

그것은 고객과 나와의 신뢰를 지킬 때 가능하다. 수천억 원대 자산가인《김밥 파는 CEO》의 저자 김승호 회장은 사업 성공에 관해 이렇게 말했다.

"사업의 가장 중요한 것은 신뢰입니다."

추가 계약 시에는 대충해서는 안 된다. 정확하게 이해시키고 가입시켜서 신뢰를 얻어야 한다. 그럼 유지율도 좋고, 가족 계약도 하고, 소개도 해주고 억대 연봉도 받을 수 있게 된다. 쉽게 되지는 않을 것이다. 노력하고 부지런히 배워야 한다. 부디 여러분도 가족 계약을 통해 지금의 연봉의 2배 이상 받는 상담사가 되기를 간절히 바란다.

그래서 많은 사람이 큰 사고를 당했을 때 망해서 길바닥에 앉지 않게 해주길 바란다. 나의 아버지는 내가 어릴 적에 사고를 당해 집을 팔아야 했다. 많은 가족 계약을 통해 다른 고객들은 그런 고통을 당하지 않도록 해주고 싶다. 그것이 이 책을 쓰는 가장 큰 목표다.

많은 고객들이 사고를 당했을 때 적절한 보장을 받아 더 밝은 사회가 되기를 기도한다. 이건 대통령도 못 하는 일이다. 나와 여러분만이 할 수 있는 일이다. 처음 콜센터에 들어가서 많은 시련이 와도 무너지지 마라. 이 책을 보고 다시 일어나는 힘을 얻기 바란다.

 김우창 팀장의 노하우 박스

매달 300만 원 실적이 가능한 이유는 가족 계약이다

1. 가족 계약의 핵심은 상담 사례를 이용한 추가 계약이다.
2. 고객이 나를 전문가로 인식하도록 매일매일 1시간씩 공부해야 한다.
3. 공부는 상위 1%를 연구하는 것이다.
4. 돈이 들더라도 상위 1%의 노하우를 전수받으라. 그것이 가장 수익이 좋은 투자다.

매달 100만 원의
추가 수입을 얻는 방법

. . .

"아침 시간을 활용하십시오. 부지런해야 합니다.
시간 관리를 잘하는 사람과 그렇지 못한 사람과 차이는 매우 큽니다."

– 조지 브라운(George Brown) –

콜센터에서 상담 일을 하는 상담원들에게 매달 최소 100만 원의 추가 수입을 얻는 방법에 대해 말해보려고 한다. 이 방법은 내가 개발한 것이다. 특허를 내야 할지도 모르겠다. 나에게 실제로 매달 200만 원 이상의 수익을 안겨준 방법이기도 하다.

특급 비결이지만 오픈하는 이유는 콜센터에서 일하는 것이 얼마나 힘든 일인지 알고 있기 때문이다. 여러분은 그런 고생을 하지 않기를 바라는 마음에서 꼭 말해주고 싶다. 콜센터에서 억대 연봉자가 되기 위해 나처럼 맨땅에 헤딩하는 일이 없기를 바라는 마음으로 이 비결을 전파하고 싶다.

Step 1 : 매일 아침, 1시간 일찍 출근한다

이것은 매달 100만 원씩 추가로 버는 데 가장 기본적인 습관이다. 평소 출근 시간이 9시라면 8시에 출근해야 한다. 처음에는 굉장히 힘이 들 것이다. 머리가 빙빙 돌 것이고, 비몽사몽 상태로 머리도 안 감고 출근해야 하는 상황이 발생할 수 있다. 하지만 2~3일만 적응하면 그다음부터는 마치 당연히 일어나야 하는 것처럼 몸이 먼저 반응한다. 그 시간이 되면 자동으로 눈이 떠진다.

Step 2 : 실장님께 상위자들의 콜을 요청한다

콜을 처음 시작하는 분들은 "어떻게 콜을 듣나요?"라고 반문할 수도 있다. 그것은 아주 간단하다. 콜센터 실장님들은 항상 좋은 콜들을 준비하고 있기에, 그냥 "실장님, 콜 좀 주세요." 하면 자동으로 컴퓨터에 입력해주거나 링크를 걸어주는 방법으로 주신다.

한 가지 팁을 주자면, 이것은 나만의 노하우인데 한 번 콜을 요청할 때 여러 사람의 콜을 요청하는 것이 좋다. 사람마다 멘트, 스크립트, 화법, 목소리 톤이 다르기 때문이다. 상위자의 콜이 좋기는 하지만 아닐 때도 있기 때문이다. ○○○ 상담원은 도입이 좋다. ○○○ 상담원은 클로징이 좋다. ○○○ 상담원은 거절 처리를 잘한다. 이렇게 멘트나 좋은 부분은 상담원마다 다 다르다. 상위자의 콜도 좋지만, 실장님께 "여러 상담원의 콜을 주세요."라고 요청해야 실력이 단기간에 빠르게 향상될 수 있다(대신 개인정보는 유출이 금지되어 있으므로 녹취파일 속에 들어 있는 개인정보는 절대 유출하면 안 된다. 이 부분을 꼭 조심해야 한다).

Step 3 : 콜을 청취한다(단, 개인정보는 걸러서 들어야 한다. 유출 금지)

콜을 청취하는 방법은 이어폰을 컴퓨터에 꽂아서 하거나, 상담용 헤드셋으로 청취하거나 할 것이다. 이것은 회사마다 다르므로 교육받을 때 실장님께 물어보면 된다. 콜센터에서 10년 동안 근무하면서 책도 보고 혼자 연구도 많이 해보았지만, 이 방법만큼 좋은 것은 없었다. 거절을 처리하는 방법과 설득하는 방법 등 여러 가지를 배울 수 있다. 여러분의 상담 기술을 업그레이드시키는 기회라고 생각하고 시도해보기 바란다.

Step 4 : 좋은 부분은 5가지 정도 A4용지에 적는다

콜을 듣다 보면 좋은 부분과 나쁜 부분을 동시에 들을 수 있다. "이 부분은 나와 안 맞다, 정말 좋은 멘트와 화법이네." 하고 2가지 반응이 나올 수 있다. 나는 좋은 부분만 A4용지에 적는다. 나와 어울리지 않는 멘트나 화법은 바로 다음으로 넘겨버리는 게 현명하다.

여기서 중요한 점은 메모할 때 내 방식대로 적는 것이 아니라 그대로 적는 것이다. 예를 들면, "국민건강보험에서 적용되지 않는 치과 치료에 대해서 저희가 이번에 특별히 임플란트, 브릿지, 틀니까지 최고 200만 원까지 보장해드리는 상품이 있어서 전화했습니다."라고 그대로 적는 것이다. 토시 하나 빠뜨리지 않는 것이 중요하다.

만약 내 방식으로 '국민건강보험에 적용되지 않는 치과 치료'라고만 적는다면 상담에 바로 써먹을 수 없다는 문제가 생긴다. 한 문장을 통째로 적는 것이 관건이다.

Step 5 : 다른 한 장의 A4용지에 내가 활용하기 쉬운 멘트로 바꾼다

이 부분이 가장 중요한 작업이다. 콜을 청취해서 메모하고 나서 끝나는 경우가 대부분인데, 그럼 매달 100만 원의 추가 수입은 물 건너간다. 왜냐하면 내 스크립트가 아니기 때문이다. 내가 읽었을 때 자연스럽게 내 것으로 나와야 한다. 아니라면 그 스크립트는 쓸모없는 것이 되어버린다.

자연스럽게 내 것으로 만들기 위해서는 미리 준비해둔 다른 A4용지에 그 스크립트를 가지고 살을 붙이는 작업을 해야 한다. 예를 들어, '국민건강보험에 적용되지 않는 치과 치료에 대해서'를 자연스럽게 나의 말투로 바꾸는 것이다. '고객님, 누구나 충치 한 개쯤은 다 가지고 있잖아요. 그래서 이번에 저희가 국민건강보험에 적용되지 않고 비싼 치과 치료비 때문에 걱정이신 분들께'로 바꾸는 것이다. 딱딱한 문장을 생기가 도는 문장으로 바꿔보라.

Step 6 : 스크랩북에 하루에 한 장씩 모아놓고 자주 들여다본다

다 완성이 되었다면 이제는 스크랩해두어야 한다. 여기저기 굴러다닌다면 필요할 때 써먹을 수가 없게 된다. 이 과정을 이를 악물고 실천했다면 한 달 20개, 1년에 240개의 스크립트가 완성된다. 이 정도면 거의 박사학위를 받을 만한 수준의 경지에 오르게 된다. 어떠한 반론, 어떠한 거절, 어떠한 진상 고객을 만나더라도 능숙하게 상담을 진행할 수 있는 능력이 생긴다. 콜상담의 아이언 맨이 될 수 있다.

"바빠요, 싫어요, 안 해요!" 하는 고객들에게 나도 모르게 "네, 고객님, 제가 이 말씀을 드리는 이유는 고객님은 특히, 당뇨약을 드시기 때문에 혈관질환에 걸릴 확률이 일반인보다 30%가 높아요. 협심증이라든지 관상동맥에 문제가 생기면 나중에 감당할 수 없을 만큼의 병원비가 들어가세요."라고 말하게 된다. 내가 생각하지도 못한 멘트가 자동으로 나오는 것이다.

매일 아침 1시간 동안 여러분은 어떤 일을 하는가? 내가 제시하는 방법대로만 하면 현재 월급이 300만 원이라면 400만 원으로 오르고, 500만 원이라면 600만 원으로 불어나게 된다. 내가 직접 경험한 일이기에 자신 있게 말할 수 있다. 초단기간에 큰 성장을 할 수 있다. 아마도 상담 관련 책을 100권을 읽은 것보다 더 큰 효과를 볼 수 있을 것이다.

김우창 팀장의 노하우 박스

매달 100만 원씩 추가로 수입을 얻는 비결
(이것은 내가 알려주는 특급비법이다)

1. 스텝1 : 매일 아침, 1시간 일찍 출근한다.
2. 스텝2 : 실장님께 상위자들의 콜을 요청한다.
3. 스텝3 : 콜을 청취한다(단, 개인정보는 걸러서 들어야 한다. 유출 금지).
4. 스텝4 : 좋은 부분은 5가지 정도 A4용지에 적는다.
5. 스텝5 : 다른 한 장의 A4용지에 내가 활용하기 쉬운 멘트로 바꾼다.
6. 스텝6 : 스크랩북에 하루에 한 장씩 모아놓고 자주 들여다본다.

가난한 농사꾼의 아들로 태어나 자수성가한

정주영

정주영 회장은 현대그룹의 창업자다. 1990년대까지 건설·조선·자동차·철도차량·제철·해운·무역·금융·중전기·엔진류 등의 각 분야를 망라하는 한국의 대표적 기업이었다. 한때 미국의 경제지 〈포춘(Fortune)〉이 선정하는 세계 500대 기업(미국 제외) 중 50위(매출액 기준) 내외에 오르내리기도 했다.

그런데 이런 그의 어린 시절은 매우 가난했다. 그래서 10살 무렵부터 농사일을 했으며, 1930년 15살에 송전소학교를 졸업한 뒤에도 진학하지 못하고 아버지의 농사를 도왔다. 그는 가난에서 벗어나기 위해 여러 차례 가출을 반복한 끝에 1937년 9월 경일상회라는 미곡상으로 사업을 시작했다. 1946년 4월 현대자동차공업사를 설립했고, 1947년 5월에는 현대토건사를 설립하면서 건설업을 시작했다. 1950년 1월 현대토건사와 현대자동차공업사를 합병, 현대그룹의 모체가 된 현대건설주식회사를 설립했고, 1971년부터 현대그룹 회장을 지냈다. 이후 해외 건설 시장 개척과 울산 조선소 건설, 서산 앞바다 간척 사업 등 대규모 사업을 성공적으로 추진하면서 현대그룹은 대기업으로 성장했다. 2001년 5월 사후에 만해상 평화상을 받았다.

《시련은 있어도 실패는 없다》에서 그는 자신의 성공 철학에 대해 이렇게 말하고 있다.

"무슨 일을 시작하든, 된다는 확신 90%와 반드시 되게 할 수 있다는 자신감 10%를 가진다. 그 외에 안 될 수도 있다는 불안은 단 1%도 갖지 않는다."

남들보다
10년 앞서가는 비법

. . .

"세상의 중요한 업적 중 대부분은, 희망이 보이지 않는 상황에서도
끊임없이 도전한 사람들이 이룬 것이다."

– 데일 카네기(Dale Carnegie) –

10년 앞서가는 최고의 비결, 단체 문자

콜센터에 처음 들어온 신입생들이 내게 자주 질문하는 것이 있다.

"어떻게 하면 선배님처럼 잘할 수 있어요? 비법 좀 알려주세요."

그럼 나는 그분들에게 말씀드린다.

"간단합니다. 현재 하는 방법을 바꿔보세요. 계약이 계속 나오지 않
는다면 그 방법은 잘못된 방법이에요. 그리고 잘하시는 분들을 따라
하면 돼요."

그런데 그들은 어떤 방법이 잘못되었고, 어떻게 따라 해야 하는지를 잘 모른다. 그래서 상위권 상담사들을 따라가기 힘든 것이다. 그 비법을 알려주겠다. 남들보다 10년을 더 앞서가는 방법이다. 그럼 지금부터 내가 하는 방법을 그대로 따라 해보자. 이것은 가망고객을 계약고객으로 만드는 특급 노하우다.

콜센터에 처음 입사해서 상담하면 하루에 30명 정도의 고객들과 상담을 진행하게 된다. 하루에 평균 2건 정도의 계약을 체결하니 약 10%가 조금 안 되는 확률로 계약을 체결하게 된다. 그럼 한 달에 20일 일한다고 가정했을 때 40건을 계약하게 된다. 나는 처음에는 1~2건의 계약을 하다가 갑자기 4~5건의 계약을 하게 된 계기가 있다. 5건으로 하면 20일 근무한다고 가정했을 때 100건의 계약을 하게 된다. 이건 연봉으로 치면 2억 원 정도의 급여를 받는 방법이다. 정말 특급 노하우인데, 이 책을 통해 공개하도록 하겠다. 그것은 바로, 단체문자를 보내는 것이다.

처음에 콜센터에 입사하게 되면 매일 1~2건의 계약을 하게 된다. 그럼 하루에 2~3건의 가망고객을 만들 수 있다. 가망고객은 계약하지는 않았지만, 관심이 있거나 다시 통화하자고 예약을 걸어둔 고객을 말한다.

이러한 가망고객의 조건은 5가지다.

1. 나와 첫 상담을 10분 이상 진행한 고객(보험에 관한 관심이 있다는 뜻이다)

2. 나를 상담사로 인정해주는 고객(필요성을 모를 뿐 설명만 잘하면 계약할 수 있다)

3. 질문을 많이 하는 고객(자신이 아는 내용이 맞는지 확인하는 고객은 A급 고객이다)

4. 상담 시 침묵하는 고객(말이 없는 고객은 대부분 소심한 고객이다. 2번 이상 터치하면 계약확률이 높다)

5. 상담 시 한숨을 쉬는 고객(자신이 한심하다고 생각하는 고객은 계약 확률이 높다. 결정을 못 할 뿐이다. 단, 상담 시 바로 끊어버리거나, 예의 없는 고객들은 제외한다. 그리고 부재중인 고객은 가망고객에 포함한다. 정말 바쁘기 때문일 수도 있다)

한 달이면 60~70건의 가망고객은 계약을 못 하고 날리는 것이다. 이 고객을 어떻게 하면 계약으로 연결할 수 있을까? 이 노하우는 바로 아침에 출근해서 업무를 시작할 때 단체문자를 보내는 것이다. 단체문자를 어떻게 보내야 할까? 바로 그달의 이슈를 활용하는 것이다. 보험사마다 매달 이슈가 있다. 암보험의 보장이 축소된다든지, 사망 연계(보험상품에 특약으로 반드시 붙여야 하는 자체적으로 만든 제도로 보험사가 손해율을 줄이기 위해 상해사망 1억 원 등을 억지로 붙이는 것을 말한다)로 다음 달부터 보험료가 오른다는 등의 이슈를 말한다. 한 명, 한 명의 고객에게 다 전화를 해서 설명할 수는 없다. 그럼 시간이 너무 오래 걸리고 부재중일 경우는 설명을 아예 시도조차 못 한다. 이럴 때는 문자를 보낸다. 예를 들어보자.

"○○○ 고객님, ○○○ 보험 안내해드린 ○○○ 상담사입니다. 고객님이 바쁘셨는지 너무 짧게 설명해드린 것 같습니다. ○○○ 보험은 ○○월부터 보장이 ○○에서 ○○으로 인상 및 축소될 예정입니다. 다음 달이 되면 ○○원으로 인상될 예정입니다. 부디 이 기회를 놓치지 마시고 꼭 ○○일까지 준비하세요. 다시 전화하겠습니다."

여기서 미리 알아야 하는 것은 단체문자를 보내는 방법이 회사마다 다르다는 것이다. 보험사마다 프로그램이 다르기 때문이다. 문자를 보내는 방법은 각 실장님에게 물어보면 친절히 알려주실 것이다. 어떤 보험사는 100바이트를 넘으면 안 되고, 또 어떤 보험사는 장문으로 보낼 수 있다.

김우창 팀장의 노하우 박스

10년을 앞서가는 방법은 단체문자를 적절히 활용하는 것이다

1. 하루에 2~3명의 가망고객리스트를 만들어라.
2. 노트를 준비해서 한 달에 50명의 가망고객 리스트를 만들어라.
3. 아침에 업무를 시작하기 전에 단체문자를 보내라.
4. 너무 자주 보내면 욕먹는다. 주 2회 정도가 적당하다.
5. 그리고 문자를 보낸 고객들 위주로 오전 업무를 진행한다.

콜센터로 이직할 때 꼭 알아야 할
5가지 노하우

· · ·

"늘 행복하고 지혜로운 사람이 되려면 자주 변해야 한다."

– 공자 –

콜센터에서 첫 직장은 무조건 인바운드

콜센터의 종류는 크게 인바운드, POM(기계약관리), 아웃바운드의 3가지로 나뉜다.

첫 번째로 인바운드 콜센터는 TV나 인터넷을 통해 상담에 동의한 고객만 업무를 진행한다. 대부분이 상담 요청한 고객을 상담하는 일이기 때문에 비교적 쉬운 편이다. 주로 처음 보험상담을 하는 사람들에게 적합하다.

홈쇼핑에서 보험방송을 한다든가, 인터넷에서 홈페이지를 통해 유입된 고객들을 상담하니 고객의 거절이 거의 없다는 장점이 있다. 그 대신 급여는 아웃바운드보다 조금 약한 편이다.

하지만 인바운드라도 고액 계약을 체결하는 상담사들도 많다. 특히 암보험 같은 경우는 가족 계약이 많이 나오는 경우가 있다. 본인이 가입하고 아들 계약, 딸 계약, 남편 계약을 하게 되면 총 4건을 가입시키는 것이다. 거기에다가 운전자 보험이나 실손의료비 보험까지 한다면 10건 넘게 하는 경우도 많다.

그래서 아는 상담원들은 여러 고객을 상담하기보다는 한 고객에게 여러 명의 고객을 끌어내는 방법으로 상담하는 것을 좋아한다. 대부분의 고액 연봉자들이 사용하는 방법이다. 이런 방법을 아는 상담사들은 인바운드만 선호한다. 계약이 소개로 나오는 경우는 대부분 유지율도 거의 100%다.

한 가지 단점은 방송이 주말에 나가면 주말에도 회사에 나가야 하는 경우가 있다는 것인데, 한 달에 한 번 정도이니 너무 걱정은 하지 않아도 된다.

고액 연봉자들이 바글바글한 POM(기계약관리) 콜센터
두 번째 보험 콜센터로 POM(기계약관리) 콜센터가 있다. 여기에서는 인바운드에서 고객을 계약한 고객들을 관리해주는 일을 주로 한다. 상담 동의한 고객만 업무를 진행한다. 기계약관리팀에서는 보험에 대한 다양한 지식과 경험이 있는 상담원을 채용한다. 고객의 보장이 적지는 않은지, 운전자보험 같은 경우는 현행법상 보장이 맞는지, 여러 분야를 통틀어서 분석을 해주는 곳이다. 여기는 인바운드보다 급여는 조금 더 많이 주는 편이다.

대부분 인바운드 경험을 오래하신 분들이 근무하는 곳이다. 주말 근무는 거의 없다는 장점이 있는 대신 주어진 시간에 목표를 달성해야 하는 업무다 보니 조금 빡빡한 근무환경이 단점이다.

높은 수수료가 최고 장점인 아웃바운드 콜센터

세 번째로 아웃바운드 콜센터가 있다. 대부분 카드 이용 고객이라든지 이벤트 고객을 대상으로 상담한다. 대부분이 제휴고객을 상담하는 일을 한다. 카드회사나 홈쇼핑 등과 제휴된 회사와 상담 동의 고객에게만 업무를 진행한다.

기계약이 아니다 보니, 고객님들이 오해하기도 하고, 제휴고객이다 보니 거절이 많은 것이 단점이다. 대신 수수료가 높은 편이라 하루에 한 건만 체결해도 꽤 높은 급여를 받는 장점이 있다. 그래서 농담으로 '놀면서 해도 500만 원을 번다.'라는 말이 생길 정도다. 업무를 5시쯤

종료하는 회사가 대부분이며, 초보자가 적응하기 어려운 게 흠이다. 하지만 잘만 적응하면 이곳보다 높은 급여를 받는 곳은 많지 않다.

상담할 고객을 그만둘 때까지 제공하는 콜센터를 가라

가끔 보험 콜센터에서 상담할 고객을 3개월만 제공하는 회사가 있다. 그런 회사는 절대로 들어가면 안 된다. 대부분 작은 규모의 대리점인 경우가 많은데, 이런 곳은 데이터베이스 유입이 한정적이다. 그리고 좋은 데이터베이스를 사용할 수 없는 단점이 있다.

일하고 싶어도 상담할 고객이 없어 한가하게 놀다가 퇴근하는 일이 빈번하게 발생한다. 이런 곳은 잘못 들어가면 몇 달만 일하고 그만두어야 하는 불상사가 발생한다. 나도 한 달간 일하고 그만두어야 했던 적이 있다. 그때는 아무것도 모르고 들어갔던 것이 화근이었다.

보험 콜센터 중에서 나가서 영업하는 곳은 가지 마라

외부에서 설계사로 일하다가 보험 콜센터에 오는 분들이 많다. 대면에서 일하는 설계사 대부분이 고객 발굴에 많은 어려움을 겪는다. 빌딩 타기, 세미나 영업, 박람회 영업, 전단지 돌리기 영업 등 수많은 고객 발굴 방법이 있다. 나도 해보았지만 정말 힘들었다. 온종일 일하고도 소득은 거의 없었다. 하지만 보험 콜센터는 평균 하루 2~3시간 보험상담만 한다. 30명과 상담하면 2~3명은 계약한다. 그럼 연봉으로 치면 대기업 부장급 월급을 받을 수 있다. 세상에 이런 회사가 어디 있는가?

콜센터에서 일하고 난 후 나는 대면 설계사로 절대 가고 싶다는 생각을 해본 적이 없다. 너무 편하고 좋기 때문이다. 대면에서 했던 영업 방식은 시간과 비용 면에서, 즉 가성비가 뛰어나지 않다는 것을 알 수 있었다.

내가 나가서 일하는 보험설계사를 할 때 특히 빌딩 타기가 너무 힘이 들었다. 여름이면 옷이 땀에 다 젖어 집에 들어가기 일쑤였다. 세미나 영업은 임대료, 세미나 홍보, 부대비용 등 비용이 많이 들어간다. 박람회 영업은 들어가기 위해 많은 시간과 돈을 투자해야 하고 시설, 인력 수급도 쉽지 않다. 전단지 영업은 지하철 앞에서 겨울에도 꽁꽁 언 손을 비비며 전단지를 돌려야 한다. 효과는 거의 없다. 헬스장 같은 곳은 효과가 좋을지 몰라도, 보험 영업은 전단지의 효과가 거의 없다고 봐야 한다. 그만큼 사람들의 수준이 높아졌다는 증거다. 요즘 추세는 SNS 마케팅으로 거의 모든 보험 상담 및 보험계약이 이루어지고 있다. 페이스북, 인스타그램, 홈페이지 등 SNS 마케팅을 모르면 이제는 성공하기 힘든 시대가 되어버렸다.

나는 그런 사람들에게 상담 요청한 고객을 공짜로 만들어주는 콜센터를 적극적으로 추천해주고 싶다. 하루에 5~6명, 많게는 20~30명씩 상담할 고객을 만들어준다. 고객을 발굴하기 위해 어려움을 겪지 않아도 된다. 영업사원 중 갈 곳이 없어 사우나에 가고, 만날 고객이 없어 피시방에 가기도 한다는 이야기를 들었다.

그 시간에 콜센터 상담원들은 전화로 고객을 만나 상담을 진행하고, 하루에 20만 원, 많게는 하루에 80만 원씩 계약을 진행하고 있다. 그들은 월 1,000만 원, 2,000만 원씩 번다. 버는 게 중요한 게 아니라 '꾸준히 그렇게 벌 수 있는가?'가 관건이다. 다른 영업은 잘될 때와 안될 때의 기복이 심하지만, 콜센터는 기복이 거의 없다. 휴가철이나 한두 번 기복은 있을 수 있다. 하지만 거의 열두 달 동안 데이터베이스 유입은 꾸준하다. 보험 콜센터는 평생직장으로 손색이 없다.

김우창 팀장의 노하우 박스

콜센터로 이직을 원할 때 5가지 주의사항

1. 콜센터에서 첫 직장은 무조건 인바운드로 가라.
2. 고액 연봉자들이 바글바글한 POM(기계약관리) 콜센터는 경력이 생기면 가라.
3. 높은 수수료가 최고 장점인 아웃바운드 콜센터는 경력자가 되어서 가라.
4. 상담할 고객을 그만둘 때까지 제공하는 콜센터를 가라.
5. 보험 콜센터 중에서 나가서 영업하는 곳은 가지 마라.

잠잘 곳이 없어 차에서 잠을 자던 소년이 세계적인 컨설턴트로

브라이언 트레이시(Brian Tracy)

세계적인 비즈니스 컨설턴트, 전문 연설가, 베스트셀러 작가인 브라이언 트레이시는 글로벌 컨설팅 기업의 CEO이기도 하다. 트레이시는 강연을 통해 전 세계 500만 청중의 삶을 변화시켰고, 그의 1년 스케줄은 항상 강연과 워크숍 일정으로 가득 차 있다. 그가 개발한 세일즈 트레이닝 프로그램에는 23개국의 50만 명이 넘는 프로 세일즈맨들이 참여하고 있으며, IBM, 포드, GE, BMW 등 글로벌 기업의 CEO들을 대상으로 강연도 이어나가고 있다.

그는 강연뿐만 아니라 70여 권의 책과 비디오·오디오 프로그램을 만들었으며, 그가 저술한 책들은 50여 개국에 25개 이상의 언어로 번역되어 출간되었다.

하지만 그는 과거 불우한 가정에서 태어나 성장 과정에서도 문제아

취급을 받았다. 게다가 학교생활과 성적도 좋지 않아 자의 반 타의 반으로 고등학교를 중퇴했다. 생존을 위한 그의 첫 직장의 업무는 호텔 주방에서 접시를 닦는 것이었다. 이후에도 목재소, 주유소, 주차장, 화물선 등을 쉽게 벗어나지 못한 채 자신에게 주어진 일들을 닥치는 대로 했다. 하루하루 힘들게 일했지만 근근이 먹고사는 무일푼 노동자일 뿐이었고, 그의 이동수단인 낡은 승용차는 누추한 잠자리이기도 했다.

그는 거기서 자신의 꿈을 버리지 않았다. 그리고 뒤늦게 공부를 시작해 MBA를 취득했으며, 경영학 박사학위를 받았다. 그는 자신의 회사를 설립하기 전까지 세일즈, 마케팅, 투자, 부동산 개발, 경영 컨설팅 등 20여 개의 분야에서 수많은 성공신화를 탄생시켰다.

그의 책 《잠들어 있는 시간을 깨워라》에는 이런 내용이 있다.

"시간 배분을 긍정적인 방식으로 바꾸려면, 삶에서 시간 낭비 요인을 제거해 시간을 절약하는 방법을 배워야 한다."

최상의 컨디션을 유지하는
6가지 습관

· · ·

"어리석은 일 중에 가장 어리석은 일은 이익을 얻기 위해 건강을 희생하는 것이다."

– 쇼펜하우어(Arthur Schopenhauer) –

상담사에게 가장 중요한 것은 무엇일까? 나는 체력이라고 생각한다. 아무리 좋은 자동차도 기름이 없으면 움직일 수 없다. 고객과 상담을 많이 할 때는 하루에 5시간 넘게 상담이 진행될 때도 있다. 무척 피곤하다. 그럴 때 무엇보다 중요한 것은 최상의 컨디션을 유지하는 것이다. 그래야 최상의 상담을 할 수 있다. 그리고 그것을 통해 좋은 성과를 낼 수 있다. 내가 10년 동안 콜센터에서 일하면서 알게 된 노하우를 공유하고자 한다. 기회가 된다면 꼭 한번 실천해보기를 바라는 바다. 이것만 실천해서 내 것으로 만든다면 책값은 충분히 뽑고도 남는다.

첫 번째 습관, 하루 2번 반신욕

세계 최고 부자 빌게이츠가 하루에 두 번 꼭 하는 것은? 반신욕이다. 그는 아침에 한 번, 저녁에 한 번, 하루에 두 번의 원칙을 꼭 지킨다고 한다. 집에는 최첨단시설이 갖춰져 있는데, 그가 집에 들어서는 순간 적절한 온도의 물이 자동으로 받아진다고 한다. 거기에 몸을 담그고 하루의 쌓인 피로를 푼다고 한다.

'나도 해봐야지.'라고 생각한 후, 아침에 일어나면 가장 먼저 화장실 욕조에 40도 정도의 미지근한 물을 받아놓는다. 피로에 지친 몸을 욕조에 담그면, 피로가 날개를 달고 날아간다. 심리적인 안정감은 마치 엄마의 배 속에서의 아이처럼 푸근한 느낌을 받을 수 있다. 그러면서 하루 동안 회사에서 쌓인 피로가 완전히 풀리면서 심리적 안정감도 느낄 수 있다.

온종일 앉아서 일하는 직장인들 같은 경우, 혈액이 아래로 몰리면서 피로가 몰려오는 현상을 경험해본 적이 있을 것이다. 이때 가장 효과적인 방법이 반신욕이라고 한다. 한때 우리나라에 반신욕 열풍이 분 적이 있었는데, 너도나도 반신욕 욕조를 사고, 반신욕 전용 입욕제, 반신 욕조 통등 엄청난 인기를 누렸다. 탤런트 김성한 씨가 새벽 6시에 반신욕을 하는 모습을 TV에서 본 적이 있다. 그의 말에 따르면, 반신욕을 하면 발에 딱딱한 굳은살도 없어지고 피로도 풀린다고 한다.

반신욕을 할 때, 따뜻해진 몸은 혈액순환이 원활해지면서 땀을 많이 배출시키기 시작하는데, 이때 신체가 체내 노폐물과 독소도 함께 배출시켜 피부 미용 효과도 볼 수 있다는 연구 결과가 있다. 꼭 실천해보라. 혹시 화장실에 욕조가 없다면 가까운 사우나를 이용하는 것도 좋은 방법이다.

두 번째 습관, 헬스장에서 땀 흘리며 운동하기

세계적인 영화배우 맷 데이먼(Matt Damon)은 인터뷰에서 이런 말을 했다.

"지금 피곤하십니까? 당신이 피곤한 것은 100% 운동을 안 해서 그런 것입니다."

정말 맞는 이야기라고 생각한다. 예전에 미국에 있을 때 잠깐 하버드 대학교를 견학할 기회가 있었다. 그때 조금 신기한 광경을 보게 되었다. 많은 사람들이 모두 귀에 이어폰을 끼우고 오래된 학교 건물 주변을 조깅하고 있는 것이다.

나도 상담을 하면서 일주일에 3일 정도는 땀이 나도록 조깅을 하고 매트에 누워서 간단한 스트레칭을 한다. 운동을 하면 땀 속 노폐물과 독소가 함께 배출된다고 한다. 나는 시간만 나면 운동하는 습관이 생겼다. 트레이너가 조깅만 하면 근육량을 늘릴 수가 없다고 하기에, 근육운동으로 조금씩 스쿼트라든지 아령 등을 같이 해주고 있다. 가끔 집 앞에 내리지 않고 두세 정거장 전에 내려서 걸어간다. 산책과 퇴근을 동시에 할 수 있는 효과적인 방법이다.

세 번째 습관, 비타민 챙겨 먹기

어느 날 상담을 하는데 몸이 피곤했는지 혓바닥에 뭐가 자꾸 났다. 입안이 헐기도 해서 약국에 가서 물어보니 비타민 부족이라고 했다.

"강남 수험생들이 많이 먹는다는 임팩○○이라고 하는데, 한번 드셔보세요. 정말 힘이 나고 피로가 덜 해지는 걸 느낄 수 있습니다."

지금도 먹고 있는데 정말 효과가 좋다. 그래서 식사 후에 꼭 비타민을 먹으려고 노력한다. 그리고 피부가 좋아지고 싶다면 비타민 C를 먹는 것이 좋다고 한다. 피부조직을 유지하고 성장을 촉진하는 역할을 한다고 해서 어머니가 드셔서 알게 된 것이다. 비타민 C가 풍부한 과일을 먹으면 피부도 좋아지고, 먹지 않은 경우보다 노화도 늦고 면역력도 생긴다고 한다. 아이들 역시 자주 먹으면 감기도 잘 안 걸리고 면역력이 강해진다고 하니 꼭 챙겨서 먹이면 좋을 것 같다.

네 번째 습관, 좋은 영화 감상

나는 영화를 고를 때 가장 중요하게 보는 것은 그 영화에 '감동'이 있는지다. 감동적인 영화를 보면 눈물이 나고 일주일 동안 쌓였던 피로가 확 풀린다. 삼성의 이건희 회장도 집에 영화관이 있다고 한다. 그의 유일한 취미가 지하실의 최고급 스피커가 완비된 영화관에서 영화를 보는 것이라고 한다. 우리가 사는 세상도 어찌 보면 한 편의 영화를 촬영하는 것이 아니겠는가? 세상을 너무 가까이에서 보는 것이 아닌 예술적인 삶이라는 관점에서 바라보는 시간도 필요하다. 코미디배우 찰리 채플린(Charles Chaplin)은 이런 말을 했다.

"인생은 가까이에서 보면 비극이지만, 멀리서 보면 희극이다."

다섯 번째 습관, 취미생활

내가 아는 상담원은 등산이 취미다. 매일 등산 가방을 메고 출근한다. 아침에 산에 들렀다가 온다고 한다. 정말 대단하다. 병이 오다가도 도망갈 듯하다. 그녀는 주말이면 전국에 있는 산이란 산은 모두 다니는 것 같았다. 산 사진을 컴퓨터 앞에 놓고 매주 산에 가는 것을 기다리며 일한다고 한다. '건강이 최고'라고 하면서 일도 엄청 열심히 하는 하드 워커다.

나는 취미로 일주일에 한 번 실내골프장에 가서 골프를 한다. 그러면서 일주일 동안 쌓인 스트레스를 확 풀어버린다. 거절을 심하게 한 고객이라든지 계약을 취소한 고객이 있다면 공을 때리면서 풀어버리는 것이다. 그런 게 쌓이면 독이 되기 때문이다.

여러분도 한 가지 이상의 취미생활을 가지고 있다면, 최상의 컨디션을 유지하는 데 큰 도움이 될 것이다.

여섯 번째 습관, 마음의 양식 독서

책은 가장 적은 비용으로 최상의 컨디션을 유지하는 비법이다. 책의 종류는 굉장히 많기에 베스트셀러 위주로 읽어도 되고, 좋아하는 소설이나 시집 같은 것을 읽어도 좋다. 중요한 것은 읽고 끝나는 것이 아니라 메모를 하는 것이다. A4용지를 준비해서 중간에 선을 하나 긋는다. 그러고 나서 위쪽에는 기억할 만한 구절을 적고, 아래는 내가 생각하는 것과 깨달은 것을 적는다. 그것이 쌓이고 쌓이면 나중에는 나만의 책 한 권이 만들어진다. 독서를 할 때 포인트는 처음부터 끝까지 읽으려는 생각을 버리는 것이다. 처음부터 끝까지 읽겠다는 생각으로 읽게 되면 금세 지치고 시간이 너무 오래 걸린다. 목차를 보고 내가 읽고 싶은 부분만 먼저 보는 습관을 기른다면 정말 놀라운 속도로 여러 권의 책을 여행하는 기분을 만끽할 수 있다.

김우창 팀장의 노하우 박스

최상의 컨디션을 유지하는 6가지 습관

1. 하루 2번 반신욕 – 혈액순환에 좋다.

2. 헬스장에서 땀 흘리며 운동 – 몸속의 독소는 땀으로 나온다.

3. 비타민 섭취 – 음식으로 모든 영양소를 섭취하기란 불가능하다.

4. 좋은 영화 감상 – 힐링이 되는 영화가 좋다.

5. 취미 생활 – 몸을 움직이는 취미가 건강에 좋다.

6. 마음의 양식 독서 – 고생을 많이 한 작가의 책은 내공이 있다.

4장

백수를 억대 부자로 만들어준
6가지 습관

부자들은 왜 1,000만 원을
수업료로 지급하는가?

· · ·

"배움은 미래를 위한 가장 큰 준비다."

– 아리스토텔레스(Aristoteles) –

학교 졸업 후 첫 배움에 투자

콜센터에 들어가서 얼마 되지 않은 일이었다. 매일 출근은 하지만 계약이 안 나와 고민하던 중 친구가 솔깃한 말을 했다.

"S보험회사 억대 연봉자 강의가 있는데 한번 같이 가볼래?"
"거기서 들은 사람이 있는데 매달 3,000만 원씩 번다고 하더라고."
"거기가 어딘데? 같이 가보자. 지금 당장 전화해보자."

당시 나는 정말 계약에 목이 말라 있었던 중이라 그 말이 솔깃했다. 가난한 생각을 가지면 가난이 따라오고, 부자들의 생각을 가지면 부가 따라온다. 아주 단순한 진리다. 나보다 더 잘사는 사람들을 유심히 살펴보라. 자신을 위해 어떤 투자를 하고 있는지, 미래를 위해 지금 그들은 무엇을 준비하고 있는지 말이다. 사촌이 땅을 사면 배 아프다고 잘사는 사람들을 시기하고 질투만 한다면 그 사람의 인생은 불행해질 확률이 매우 높다.

나는 바로 결정했다.

"카드를 긁어서라도 듣자. 6개월로 하면 부담이 줄어드니까."라고 생각하고 접수를 마쳤다. 학교 졸업 후 책으로만 공부하던 나에게 수백만 원을 투자하는 일이 현실로 나타난 것이다. 그때 당시 나는 나 자신이 매우 자랑스러웠다. 그리고 강의가 시작되자 강사가 이런 말을 했다.

"이 강의를 듣고 K 지점장님은 바로 월 200만 원 계약했습니다. 하지만 자꾸 빠지고 숙제를 게을리하신 분은 단 한 건도 계약을 못 해서 다시 강의를 듣고 계십니다. 여러분은 두 번째 분처럼 되지 않기를 바랍니다."

부자들은 투자와 낭비의 차이를 안다

나는 콜센터에 일하면서 나를 어떻게 더 크게 성장시켜야 하는지를 늘 고민했다.

"어떻게 하면 더 잘할 수 있을까?"
"성공에 대한 갈증을 해결해줄 책이 없을까?"

그러던 중 궁금증을 해소하게 해준 강의였다.

세미나를 1주, 2주, 3주 들으면서 내 생각과 행동과 말투가 바뀌는 것을 느낄 수 있었다. 너무 감동해서 한동안 주차장에서 멍하니 서 있을 때도 있었다. 강의를 듣고 머리가 다시 재부팅되는 느낌이었다. 그 이후 '나도 할 수 있겠구나, 비싼 게 다 이유가 있구나!'라고 생각했다. 그래서 각종 세미나와 책들을 찾아 공부하며 노력해서 결국 억대 연봉을 받게 되었고, 명예의 전당에까지 오르게 되었다. 그 비결을 여러분에게 알려주려고 책을 집필하게 되었다.

내가 지금까지 읽은 책 중에 가장 감명 깊게 읽은 책을 고르라고 한다면 나는 앞에서 한 번 이야기한, 《배움을 돈으로 바꾸는 기술》이라는 책을 추천하고 싶다. 이 책은 해외에서도 베스트셀러로 사랑받는 책이다. 이 책은 어려운 용어도 나오지 않기에 쉽게 읽을 수 있다. 그러면서도 인생을 살아가는 데 큰 깨달음을 준다. '이걸 내가 몰랐다면 정말 큰일이었겠구나.'라는 생각이 든 책이다. 책 내용 중 가장 핵심적인 구절을 뽑으라고 한다면 이 부분이다.

"저는 이제까지 인생의 가치를 높이는 배움을 위해 상당한 시간과 노력, 돈을 들였습니다. 투자한 돈을 합산하면 대략 1억 엔(10억 원) 이상일 겁니다."

책을 읽으면서 알게 된 사실은 세계적인 부자들은 배우는 데 돈을 아끼지 않는다는 사실이다. 세계적인 투자가 워런 버핏도 자신의 스승에게 가치 투자를 배우는 데 투자했고, 세계적인 골프선수 타이거 우즈도 매년 수천만 원씩 주고 골프 개인지도를 받는다고 한다. 특히, 자신의 몸값을 올리는 데 매년 1억 원씩 쓰는 치과의사가 있다는 사실도 알게 되었다.

만약 내가 강의와 세미나를 찾아 듣지 않았다면, 지금도 월급 150만 원을 받는 상담사가 되었을 것이다. 그리고 이 책을 쓰지 못했을 것이다. 이 책을 쓰는 방법도 세미나에서 들었으니 말이다. 여러모로 자신에게 투자하는 것은 전 세계에서 가장 수익이 좋은 투자 방법인 것 같다.

나는 나에게 투자한 결과, 월급이 150만 원에서 지금은 약 1,000만 원으로 거의 7배가 올랐다. 500만 원 투자해서 1억 원 정도 벌고 있으니 정말 대단한 일이 아닐 수가 없다. 1,000만 원을 투자하면 2억 원이 된다는 계산이 나온다. 단순히 나의 생각일 뿐이다. 나의 투자는 앞으로도 계속될 것이다. 책을 쓰는 것에도 더욱 많은 투자를 할 것이고, 강의 프로그램을 배우는 데도 계속 투자해나갈 생각이다. 여러분에게도 꿈이 있을 것이다. 나에게도 꿈이 2가지 있는데, 바로 세계 최고의 강연가와 베스트셀러 작가가 되는 것이다.

여러분도 자신에게 투자하는 것을 절대 아깝다고 생각하지 말라. 당신의 성공을 방해하는 것은 남이 아니라 바로 자신이다. 죽어서 후회하지 말고 원하는 것을 이루는 모습을 상상하고 꿈꾸고 이루어내라.

"나는 할 수 없다."
"내 주제에 무슨."

이런 말은 남들이 하지 않는다. 자기가 하는 말이다. 지금 당장 자신에게 투자하라. 그리고 돈으로부터 자유로워지는 데까지 올라가라. 그럼 멋진 인생이 시작될 것이다.

김우창 팀장의 노하우 박스

김우창 팀장의 첫 번째 성공습관

1. 배움에 투자하면 세상에서 가장 높은 수익률을 얻게 된다.
2. 좋은 강의는 멀더라도 가서 들어보자.
3. 자신의 가능성을 믿고 투자하자. 자신을 돌보는 사람은 남이 아닌 바로 자기 자신이다.

첫 월급으로
좋은 노트와 볼펜을 사라

• • •

"자기 자신에게 투자하라"

– 워런 버핏(Warren Buffett) –

볼펜의 가격은 나의 연봉을 결정한다. 누군가 한 말이 아니라 내가 한 말이다. 직접 경험해본 결과, 볼펜의 가격이 나의 연봉을 결정했다고 생각한다. 내가 처음 보험을 시작할 때 전설적인 C상담사를 알게 되었다. 상위 1% 연봉을 받았는데, 그 당시 그의 연봉은 약 3억 원이었다. 실적이 높으니 신입 상담원에게는 부러움과 선망의 대상이었다. 선배님을 눈여겨 살펴보다가 놀라운 점을 발견했다.

그의 정돈된 책상 위에는 여러 상담 관련 책이 가지런히 꽂혀 있었고, 뜨거운 김이 모락모락 나는 따뜻한 커피 한 잔과 족히 10만 원은 넘어 보이는 가죽 다이어리, 그리고 반짝이고 묵직해 보이는 고급스러운 볼펜과 볼펜 케이스가 놓여 있었다.

'아니, 무슨 볼펜을 케이스에 넣고 다니지? 얼마나 비싼 볼펜이길래?'

궁금증이 생겼다. 그때 당시 나는 문구점에서 1,000~5,000원짜리 볼펜을 색깔별, 종류별로 사서 사용하고 있었다. 그러면서 나도 언젠가 비싼 볼펜을 사야겠다는 생각을 했다. 갑자기 볼펜에 강한 끌림이 생겨 커피타임에 바로 선배님께 가서 인사하며 물어보았다.

"안녕하세요? 신입 상담원 김우창이라고 합니다. 펜이 멋지신데요, 혹시 브랜드와 가격 좀 알 수 있을까요? 저도 알아보던 중이었거든요."

그는 약간 놀란 듯 웃으며 친절히 말해주었다.

"아~ 네, 신입이시구나. 매니저님께 신입분 많이 챙겨드리라고 말씀 들었어요. 물어보시는 게 볼펜인가요? 신입이 구매하기에는 좀 부담스럽겠는데요. 제품은 몽블랑인데 약 80만 원 정도 할 겁니다. 고객의 생명을 담보로 상담을 하는 건데 좋은 거 써야죠. 저는 볼펜에 투자하는 것이 아깝다고 생각하지 않습니다."

나중에 알게 된 내용인데 이런 볼펜들이 몇 개 더 있다고 했다. 그의 눈빛과 자세가 너무 마음에 들었다.

'볼펜에 투자하는 것이 아깝지 않다.'

나는 상담을 한 지 10년이 지난 지금도 이 말이 나의 뇌리에 아직도 박혀 있다. 실적을 많이 올리기 유일한 방법은 자기 자신에게 먼저 투자하는 것이다. 옷이나 볼펜, 증권 서류철, 가방 등 억대 연봉 상담사의 명품 철학을 배우게 되었다. 내 생각이지만 고객을 위한 준비로 이 정도의 볼펜을 사용할 정도니, 고객에게 제안서를 전달할 때 역시 최상의 퀄리티로 준비할 것 같다는 생각이 들었다. 한 가지를 보면 10가지를 알게 되는 법이니 말이다. 공부도 얼마나 열심히 할까? 상담 관련 자격증이라든지 책이라든지 열심히 노력하는 자세가 엿보였다.

고객을 최고로 대우하고 싶어 하는 그의 태도가 느껴졌다. 마치 고급 스파에 가면 처음 들어온 손님에게 아로마 차를 건네는 것과 같이 대접받는 느낌이랄까? 그 후 머릿속으로 한참 고민했다.

'볼펜에 투자해볼까?'
'아냐, 그냥 쓰던 거 쓰지 뭐.'
'이건 배워야 해, 억대 연봉 탑 세일즈맨의 장점을 내 것으로 만들자."

볼펜을 보고 갖고 싶다는 생각이 든 건 처음이었다. 그래서 첫 월급을 받은 날 평소에 봐둔 영풍문고로 직행했다. 거기 가면 볼펜 파는 부스가 있는데, 유리 케이스에 반짝이는 고급볼펜들이 진열되어 있다. 가격대는 3만 원부터 비싼 건 100만 원이 넘었다.

"안녕하세요? 볼펜 골라보세요. 혹시 원하시는 물건이 있으면 말씀해주세요."

고심 끝에 몽블랑은 너무 고가라 나중을 기약하면서 나름대로 가격 대비 퀄리티가 높은 프랑스 명품볼펜 '파커'를 구매했다. 점원도 '무슨 볼펜을 30만 원짜리를 사지?' 하며 나를 좀 이상하게 쳐다보는 시선이 느껴졌다. '5만 원짜리나 사겠지.'라는 생각을 했던 것 같다. 많은 고객이 쳐다보고 갔지만, 내가 당당하게 "이거 주세요." 하니까 좀 놀란 듯했다. 볼펜과 함께 가죽 다이어리도 마음먹고 구매했다.

내가 가진 돈이 생활비 빼고 약 100만 원인데 약 30만 원 정도의 볼펜, 20만 원 정도의 다이어리를 구매했으니 나머지 50만 원으로 한 달을 버텨야 하는 상황이 되었다. 누가 보면 '미친 사람인가?'라고 생각할 수도 있겠다. 하지만 이 볼펜의 마법은 정말 대단했다. 일단 상담이 즐거워졌다. 필기감이 일반 볼펜보다 훨씬 고급스럽다. 내가 필기감에 취해 상담을 더 하는 것인지, 상담이 즐거운 건지 헷갈렸다.

이것은 마치 백화점에서 비싸고 마음에 쏙 드는 신발을 신었을 때 당장이라도 나가서 걷고 싶은 생각이 들거나 초강력 청소기를 구매한 후 당장 집 안을 청소해보고 싶어 상자를 마구 뜯는 것과 같다. 이것은 글로 표현하기가 어렵다. 직접 체험해봐야 안다.

묵직한 기분에 함부로 아무거나 적으면 안 될 것 같은 기분도 들고, 쓸데없는 질문도 사라졌다. 고객과 농담하던, 몹시 나쁜 버릇도 사라졌다. 그리고 더 중요한 내용을 적어야 할 것 같은 의무감도 생겼다.

고객에게 진심으로 관심을 두게 된 것이다. 상담을 진행할 때 마치 스타급 변호사가 의뢰인과 상담하듯이 진지하고 퀄리티 있게 상담을 하는 내 모습을 발견하게 되었다.

보험회사의 상품은 대부분이 고액 보장에는 납부 금액도 크게 설정된다. 고액의 보장이 필요한 이유에 대해 심도 있게 상담하면서 일이 터졌다. 2~3만 원짜리 자잘한 계약에서 50~100만 원짜리의 큰 계약까지 하게 된 것이다. 그 후로 연봉도 기하급수적으로 올라갔다. 이건 볼펜과 다이어리가 가져다준 선물과 같다는 생각이 들었다.

볼펜 투자, 연봉 330배의 법칙
'그 선배님도 이런 기분이었겠구나.'

그 상담사의 기분을 이해할 수 있게 되었다.

"그래서 나에게 하는 투자가 가장 수익이 높다는 말이 있구나."

역시 나의 투자는 실패하지 않았다.

이 볼펜을 쓰고 1억 원의 연봉을 받았으니, 거꾸로 계산해보면 30만 × 330 = 1억 원이다. 약 330배의 법칙이 적용된다. 만약 60만 원의 볼펜을 사용했다면, 연봉이 2억 원이 된다는 계산이 나온다. 물론 모든 사람들이 다 60만 원의 볼펜을 쓴다고 2억 원의 연봉을 받는 것은 아니다. 하지만 그만큼 상담에 진지하고 열정적으로 임하게 만든다는 점에서 연봉과 관련이 깊다고 할 수 있다. 이것은 내가 사용해본 결과 볼펜의 마법이라고 말하고 싶다.

반대로 딴지를 거는 사람도 분명 있을 것이다.

"무슨 볼펜에 마법 같은 힘이 있습니까?"

그런 분들에게 이런 말을 해드리고 싶다.

"당신은 고객을 위해 자신에게 투자하고 있습니까?"

여기에 "아니요."라고 대답한다면 난 100% 자신 있게 말할 수 있다. 그 상담원은 아무리 열심히 일해도 더 발전할 가능성이 0%다.

나는 약 10년이 지난 지금도 그 볼펜을 소장하고 사용하고 있다. 그 볼펜은 더 열심히 상담하는 계기가 되었다. 지금 당장 볼펜에 투자하라고 강력히 제안하고 싶다. 내가 어떤 느낌이었는지를 알게 될 것이다.

지금도 퇴근할 때 회사에 볼펜을 놔두지 않고 항상 가방에 넣고 다닌다. 상담할 때도 항상 이 볼펜으로 적어가며 한다. 보험영업을 하는 사람들은 모두 공통으로 고객을 만나기 전에 떨리는 기분을 느끼고 자신감이 부족해진다. 그런데 이 볼펜은 그런 기분을 말끔히 해결해주는 해결사 같은 느낌이 든다.

"당신의 가치는 아주 비쌉니다. 당신의 퀄리티에 맞는 볼펜으로 최선을 다해 상담해드리겠습니다."라는 결심이 담겨 있다. 자신을 대접해주는 것을 부끄럽게 여기는 사람도 있을 수 있다.

"내 주제에 무슨 비싼 볼펜이야, 1,000원짜리 펜이면 족하지 뭐."라고 말할 수도 있다. 나도 처음엔 그랬다. '내 주제에 무슨.'이라고 하지만 당신은 당연히 그렇게 비싼 것도 쓸 수 있는 가치가 있다고 말하고 싶다. 당신을 비하하지 말기 바란다.

그 후로 나는 나에게 투자하는 데 아끼지 않았다. 고객에게 전달하는 증권 서류철도 좋은 거로 바꾸고 주말에 1시간씩 성악과 교수님에게 발성 교습도 받는 등 상담에 필요한 많은 것에 투자했다. 그 모든 노력이 다 높은 수익률로 돌아왔다. 나를 한번 믿어보기 바란다. 어떤 변화가 일어나는지 지켜보라. 당신은 충분히 좋은 볼펜을 쓸 가치가 있다는 사실을 잊지 말기 바란다.

김우창 팀장의 노하우 박스

김우창 팀장의 두 번째 성공습관

1. 고급 볼펜에 투자하자.
2. 연봉 330배의 법칙은 불변의 법칙이다.
3. '고객을 위해 나는 어떤 투자를 해야 할까?'를 생각해보자.

66세의 나이 1,009번만의 성공한 KFC 창립자

커널 샌더스(Colonel Sanders)

커널 샌더스는 6살 때 아버지가 돌아가신 후, 10살의 어린 나이부터 가족을 부양하기 위해 농장에 나가서 일을 했고, 어머니를 대신해 요리하기 시작했다. 7세 때 학교를 중퇴하고 어머니가 재혼했는데 의붓아버지의 폭력이 너무 심해 집을 뛰쳐나왔다. 그 후로 농장 일꾼, 보험 판매원, 타이어 영업사원, 주유소 직원 등 수많은 직장을 전전했던 인생의 실패자였다.

커널 샌더스는 40세가 되던 해 켄터키 주에 있는 주유소에 근무하면서 자신의 재능을 발견하게 된다. 손님들을 대상으로 닭요리를 판매하다가 주변의 평판이 좋아 142명가량 수용할 수 있는 대형 레스토랑이 있는 모텔의 요리사로 발탁되었다. 그렇게 닭요리를 꾸준히 연구하고 개발한 커널 샌더스는 당시 일반적으로 사용하던 팬 형식의 튀김기계가 아니라 닭을 신속하게 조리할 수 있는 압력 튀김기계를 도입했다. 그 후 작은 레스토랑을 오픈해 운영했지만, 60세의 나이에 파산하게 된다.

하지만 그는 거기서 포기하지 않았다. 자신의 레시피를 들고 판매하기 위해 수많은 거절을 당하면서 식당들을 돌아다니게 된다. 그리고 마침내 그의 나이 66세에 1,009번 만에 KFC 1호점을 오픈하는 기적을 연출하게 된다.

그의 성공을 묻는 사람들에게 그는 《커널 샌더스》에서 이렇게 말한다.

"훌륭한 생각을 하는 사람은 많지만 이를 행동으로 옮기는 사람은 드물다. 나는 실패를 통해 경험을 얻고 더 잘할 방법을 찾아냈다."

내가 이곳에 있어야 하는
이유를 만들어라

· · ·

"지혜로운 사람은 자기 인생의 사명을 알고 있는 사람을 가리킨다."

– 레프 톨스토이(Leo Tolstoy) –

내가 일하는 이유를 알면 고졸도 억대 연봉자가 된다

지인 중에 고졸 학력을 가진 K라는 친구가 있었다. 그녀는 ○○ 카드회사에서 콜센터 영업을 하고 있었다. 신용카드를 사용하는 고객에게 불의의 사고로 카드값을 못 낼 때 대신 내주는 부가서비스를 안내하는 일로, 일종의 신용카드 보험을 들어주는 일이다. 그녀는 나에게 물었다.

"너는 나보다 돈을 많이 버는데 그쪽은 대학교를 나와야 뽑아주니? 나는 고졸인데 혹시 들어갈 수 있을지 물어보는 거야."

나는 바로 아니라고 말해주었고, 보험 콜센터에 들어오는 데 학력은 고졸이면 충분하다고 했다. 그녀는 바로 보험사에 와서 비슷한 일을 했던 터라 금세 상위권자에 올라가더니 결국 연도 대상까지 거머쥐게 되었다. 그녀는 나만 보면 항상 고맙다고 말했다.

"우창아, 정말 고마워. 여기 오니까 너무 일이 좋고 업무 만족도가 높다."
"카드사보다 업무도 적고 수당도 높아. 앞으로 내가 밥도 자주 사줄게."

카드사에서 너무 지쳐 있던 그녀가 이곳에 와서 얼굴에 생기가 돌고 정말 기뻐하는 모습을 보니 나도 기분이 좋았다. 일하는 것 대비 급여, 복지 혜택, 고객 만족도가 카드사에서 일할 때와 비교가 안 될 만큼 좋다고 했다. 나도 예전에 잠깐 카드회사 쪽에서 일해본 적이 있었다. 정말 죽어라 상담해도 일반 직장인 월급만큼밖에 못 받았다. 성취감이 없으면 일을 오래할 수가 없다. 그래서 바로 관뒀다. 그녀는 여기 일이 카드회사 콜센터보다 즐겁다고 했다. 나는 그녀에게 카드회사에서 일할 때 1등 했던 비결을 물어보았다.

"카드회사에서는 어떻게 그렇게 잘했던 거야?"
"간단해, 고객이 카드값을 못 내서 자살한다고 생각해봐. 그럼 열심히 하게 돼."

그녀는 어딜 가든 내가 왜 이 일을 최선을 다해서 해야 하는지를 빨리 파악해내는 재주가 있었다. 이것은 어느 직업을 막론하고 매우 중요한 부분이다. 대박식당들을 보라. 최고의 재료, 최고의 신선도와 최고의 가격을 말하는 식당들이 망하는 것을 본 적이 있는가? 그 식당 주인들은 자신이 왜 장사하는지를 알고 최상의 서비스를 제공해서 성공하는 것이다. 성공하는 직업이 모두 공통으로 가지고 있는 철학은 바로, 내가 여기 있어야 하는 이유를 명확히 아는 것이다.

보험 콜센터에서 일해야 하는 이유는 여러 가지지만 나는 보험금 청구라고 말해주고 싶다. 통신사 상담사들은 그냥 일회성으로 상담해주고 끝나지만, 보험 콜센터는 고객이 큰일을 당했을 때 큰 액수의 보험금을 지급한다. 그러면서 고객에게 감사 전화를 받는다. 이럴 때는 정말 일할 맛이 난다. 정말 기분 좋다.

"정말 감사합니다. 집에 불이 났는데 상담원님이 아니었다면 큰일 날 뻔했네요."

"건강검진 중 대장내시경 하다가 용종이 나왔어요. 조직검사를 해보니 대장암 초기라고 해요. 다행히 팀장님이 보험 가입을 시켜주셔서 ○○원 보험금을 받게 되었습니다. 정말 감사합니다."

가망고객의 사망, 내가 여기 있어야 하는 이유
국가대표 축구선수들이 훈련하는 것을 본 적이 있는가? 히딩크(Guus

Hiddink) 감독이 처음 국가대표 감독을 맡았을 때 한 말이 생각난다. 그가 강조한 것은 강한 체력훈련이었다.

"강한 정신력은 강한 체력에서 나옵니다, 욕심 내지 말고, 매일 1%씩 성장하면 됩니다."

그는 강력한 태클에 적응하는 훈련, 강한 몸싸움에 이길 수 있는 강철 체력을 만드는 일에 집중했다. '나는 대한민국 콜센터 국가대표다.'라고 생각한다.

"내가 가입 못 시킨 고객이 나중에 큰 사고를 당해 자녀가 학교에 못 간다면 그것은 내 책임이다."
"내가 가입 못 시킨 고객이 암에 걸려 집을 팔아야 하고, 자녀가 병원비를 위해 학업을 포기하고 공장에 들어간다면 그것은 내 책임이다."

실제로 그런 경우가 있었다. 며칠 전에 상담했던 고객이 사고로 사망한 것이다. 하루에 30명씩 상담을 10년 정도 하다 보면 가끔 있는 일이다. 너무 충격을 많이 받아 기억하고 싶지 않은 일이지만 소개해 보겠다.

40대 여자분이었는데, 상담을 마치고 며칠 후 다시 전화를 드렸더니 어떤 할머니가 받으셨다.

"여보세요. ○○○고객님 계신가요?"

"무슨 일로 전화하셨나요? 내 딸인데…."

"아 네, ○○보험사 김우창 팀장입니다. ○○○고객님 오늘 상담해 드리기로 했는데요. 어디 가셨으면 나중에 전화 드리겠습니다."

"아 네, ○○○는 내 딸인데 얼마 전 차 사고를 당해서…."

갑자기 말을 못 하셨다. 그리고 한참 후에 울먹이시면서 남편과 둘이 사고를 당해 의식이 없는 상태였는데, 병원에서 수술해도 가망이 없는 상태라는 진단을 받고 며칠 후 사망하셨다고 하셨다.

나는 불과 며칠 전에 통화했던 사람이 이제 세상에 없다는 사실이 믿어지지 않았다. 더 충격적인 일은 옆에서 유치원에 다니는 것 같은 어린아이가 "엄마, 엄마" 하면서 할머니 전화기를 뺏으려고 하는 것이었다. 눈물이 왈칵 쏟아지면서 말문이 막혔다. 더는 상담을 진행하기 어려워 전화를 끊었다. 그리고 ○○○원의 사망보험금이 고객의 자녀에게 지급되었다.

우리가 하는 일은 엄청난 일이다. 변호사, 회계사, 의사 등 좋은 직업이 많지만, 나는 내가 하는 일이 고귀한 일이고 한 가정을 지켜주는 일이라는 사실을 깨닫게 되었다. 우리는 생각해보아야 한다.

1. 나의 고객이 사고를 당했을 때, 그들의 자녀는 누가 책임지고 키

워줄 것인가?

2. 나의 고객이 병원에 큰 수술을 받을 때, 누가 옆에서 그들을 지켜 줄 것인가?

3. 나의 고객이 퇴직했을 때, 평생 생활비를 못 받는다면 누가 그를 도와줄 것인가?

이 사건 이후로 나는 내가 하는 일이 세상을 더 밝고 행복하게 해주는 일이라는 사명감을 갖게 되었다. 그 후로 사람을 계약의 대상으로 보는 것이 아닌, 내가 이 가정을 지키는 파수꾼이라는 생각으로 일하게 되었다. 이것이 내가 피곤한 몸을 이끌고 직장에 나가야 하는 유일한 이유다. 상담할 때 내가 중요하게 생각하는 것은 고객에 대한 관심이다. 한국인 사망 원인 1위는 암이고, 2위는 뇌혈관질환, 3위는 심장질환이다. 또한, 여성 암 1위는 갑상선암, 남자 암 1위는 위암이라고 한다. 이런 통계치는 그냥 나온 게 아니다. 그만큼 위험하다는 것이다. 나의 고모부는 폐암으로 엄청난 치료비가 들어갔다. 나의 이모님도 유방암으로 큰돈이 나가고 항암치료를 하느라 큰 고생을 하셨다. 하지만 이분들은 모두 자신들이 암에 걸릴 거라는 생각은 한 번도 해본 적이 없을 것이다.

우리가 하는 일은 고객에게 진심으로 관심을 가지고 위험을 미리 준비하도록 돕는 일이다. 그래서 나는 무조건 비싸다고 좋은 보험이라는 말은 하지 않는다. 아무리 좋은 보험도 유지를 못 할 만큼 비싸다면 이미 생명을 잃은 것이다. 적절한 보험료, 큰 보장이 내가 추구하는 방식이다. 10년 정도 보험사에서 일하면 적은 보험료로도 좋은 보장들에 가입할 수 있는 노하우가 생긴다. 그러한 노하우는 꾸준히 하다 보면 자연스럽게 생기게 될 것이다. 어느 직업이나 똑같다. 오래 직장 생활을 하다 보면 여러 업무에 치여 이것을 잊게 되는 경우가 있다. 그럴 때 '내가 여기 있어야 할 이유'를 적어보라. 그럼 최상위권의 사원이 될 것이라 장담한다.

김우창 팀장의 노하우 박스

김우창 팀장의 세 번째 성공습관

1. 내가 여기 있어야 하는 이유를 알면 연봉이 올라간다.
2. 업무를 시작하기 전, 종이에 내가 여기 있어야 하는 이유 5가지를 적어본다.
3. 나의 상황이 아니라 고객의 상황을 생각해본다.

병을 앓고 삶을 포기하려고 했던 그녀,
유튜브 1,300만 뷰 인기 유튜버로

김새해

김새해는 주어진 현실에서 새로운 길을 만들어가며 미소 짓는 자유로운 영혼이다. 그녀는 캐나다 한인 미술인협회에서 최연소 임원 활동을 했고, 수많은 국제 미술행사에서 23번의 전시회를 마쳤다. KBS 〈아침마당〉 명사초대석 초청, 여성가족부에서 선정한 청년 여성 대표 멘토 위촉, 교보문고 강연회, 캐나다 ROGERS TV 방송, 캐나다 중앙일보, 갤러리아, 실업인 협회 아동미술 심사위원 위촉 등 강연과 멘토링, 코칭을 통해 '희망'을 전하는 일을 한다. 그녀의 유튜브 채널 '작가 김새해의 사랑 한 스푼'은 시청 시간 2억 분, 누적 뷰 1,300만 뷰를 넘기며 수많은 사람의 삶에 크고 작은 기적을 선물하고 있다.

하지만 그녀에게도 죽고 싶을 만큼 힘든 과거가 있었다. 그녀는 미국에서 30개가 넘는 직업을 전전하면서 밑바닥 생활을 피부로 느껴야 했고, 전시회를 위해 돈을 아끼려고 굶은 적도 많았다. 시련은 이후에도 계속되었다. 갑자기 찾아온 질병은 그녀를 더욱 더 힘들게 했다.

하지만 오히려 고통은 그녀를 더 성숙하게 했다. 그녀가 아픔과 슬픔 속에서 펴낸 책 《내가 상상하면 꿈이 현실이 된다》에서 그녀는 이렇게 말한다.

"인생의 거친 폭풍은 누구에게나 다가온다. 그러나 두려워하지 말자. 영원히 계속되는 폭풍은 없다. 고난과 좌절을 이겨내는 것을 습관으로 만들자."

성공한 후 가지고 싶은 것을
벽에 붙여라

. . .

"성공을 거둔 세상의 위대한 이들은 자신의 상상력을 활용한다."

– 로버트 J. 콜리어(Robert J. Collier) –

성공한 모습을 계속 보면서 시각화하라

전 세계 호텔 2,700개를 운영하는 호텔 왕을 아는가? 그 사람의 이름은 호텔 왕 콘래드 힐튼(Conrad Nicholson Hilton)이라고 한다. 그는 호텔 벨보이로 말단 직원에서 전 세계 호텔 왕이 되었다. 어떻게 이런 일이 있을 수 있었을까? 그는 책 《호텔 왕 힐튼》에서 자신의 성공 비결을 이렇게 말하고 있다.

"벨보이 시절, 나보다 일을 잘하는 사람도 많았고, 나보다 경영능력이 뛰어난 사람도 많았습니다. 하지만 자신이 호텔을 경영하게 되리라 믿은 사람은 저 혼자뿐이었습니다."

당신이 지금 처한 현실이 어렵다면 그것은 사실이 아니다. 당신이 지금 처한 현실이 캄캄한 어둠 속에 있는 것도 사실이 아니다. 왜냐하면 당신은 충분히 그것을 이길 힘과 능력이 있기 때문이다. 나도 콜센터에 처음 들어왔을 때는 나쁜 생각을 많이 했다.

'이거 몇 달 하다가 그만두는 거 아니냐?'
'저 사람들은 잘하는데 나는 적성에 안 맞아서 그런가?'

걱정이 많고 불안한 시절이 있었다. 그때 내가 한 것은 한 가지밖에 없다. 나의 현재 모습을 나의 진짜 모습이라고 생각하지 않았다. 그리고 성공한 나의 모습을 여러 가지 방식으로 시각화했다.

'나는 내 가능성을 믿는다.'
'반드시 콜센터에서 상위 1%의 상담원이 될 것이다.'
'많은 사람을 억대 연봉으로 만드는 전문코치가 될 것이다.'

하루에 몇 번씩 다짐했다. 그리고 어떻게 되었을까? 나는 억대 연봉을 받고 코치도 하는 사람이 되었다. 나만 가지고 있는 특별한 능력이라고 생각할 수도 있다. 아니다. 당신도 충분히 할 수 있다. 옆에서 도와주고 힘을 주는 사람이 있다면 말이다. 그럼 자신감이 생기고 당신도 억대 연봉자의 반열에 올라설 수 있다. 당신은 충분히 그럴 만한 용기가 있는 사람이기 때문이다. 서점에 있는 수백 권의 성공 서적을 보면 모두 다 불행한 과거를 겪고, 죽고 싶을 만큼 힘든 경험을 했다는 것을 알게 된다. 그들과 당신의 차이는 종이 한 장 차이다. 성공한 사람들은 자신의 성공을 믿었고, 실패한 사람은 성공을 믿지 못했다는 것뿐이다. 자신감을 가져라. 성공하는 삶을 살기 전에는 누구나 벼랑 끝에 선 것 같은 두려움과 공포를 경험한다.

그 두려움에 '나는 안 되는 인생이야.'라고 낙담하지 말라. 그것은 막다른 길이 아니라 당신의 꿈을 이루기 위한 기초공사일 뿐이다. 벽돌을 쌓고, 창문도 하나씩 붙이고, 문짝도 설치하는 중일 뿐이다. 만약 중도에 포기하지 않고 계속 나아갈 용기만 있다면 당신에게 멋진 선물이 기다리고 있을 것이다. 당신의 능력은 당신이 생각한 것보다 훨씬 가치가 높다. 자신을 믿어라.

에스티로더는 성공을 시각화해서 매출 4조 원을 달성했다

매출 4조 원대의 자산에 달하는 세계적인 화장품 회사 에스티로더를 아는가? 전 세계 백화점 중 한 군데 골라 들어가 보면 1층에서 에스티로더 화장품을 볼 수 있다. 갈색 병의 마법이라고, 여자들에게 매우 인기가 높은 브랜드다. 에스티 로더(Estee Lauder)는 자신이 만든 회사가 매출 4조 원을 달성할 수 있던 비결, 성공 노하우를 인터뷰에서 이렇게 말한 적이 있다.

"꿈을 시각화하세요. 그럼 이루어진 모습을 볼 수 있을 겁니다."

그녀는 꿈을 시각화하는 데 달인이었다. 자신의 상황이 어렵고 힘들다고 해도 언제나 꿈을 시각화했다. 자신이 그 상황의 주인이 되어 상황을 맘대로 주무를 수 있는 능력을 발휘한 것이다. 그럼 이렇게 반문하는 사람이 있을 것이다.

"말도 안 돼. 그럼 누구나 다 성공하게?"

중요한 점은 진심으로 믿어야 한다는 것이다. '대충 어설프게 되겠지.' 하면 대충 살게 된다. 그녀는 자기 당신의 꿈을 시각화하라고 말한다. 시각화라는 것은 어찌 보면 황당한 것이다. 지금은 라면과 김치만 먹어야 하는 형편의 사람이 고급 레스토랑에서 코스요리를 주문해서 먹는 상상을 하는 것을 말한다. 지금은 구두닦이에 불과하지만, 나중에 큰 구두회사를 차려서 멋진 인생을 사는 모습을 상상하는 것을 말한다.

나도 해보았지만, 처음엔 왠지 낯설고 익숙하지가 않다. 상상하는 것만으로 부끄러워 얼굴이 붉어지는 경우도 있었다. "허풍 좀 그만 떨어, 네 주제에 무슨 성공이야!"라고 말하는 사람도 있을 수 있다. 현실의 무게에 짓눌려 생각조차 못한다는 것은 나도 공감하는 부분이다. 그러나 우리가 잊지 말아야 할 것은 성공적인 인생을 사는 사람들은 모두 하나같이 시각화의 달인이라는 점이다.

만약 당신의 꿈이 멋진 자동차를 가지는 것이라고 해보자. 그럼 어떻게 시각화할 수 있을까? 나는 버킷리스트가 집 액자에 크게 걸려 있다. 벤츠를 타고 있는 나의 모습을 시각화하기 위해 큰 액자에 걸어두었다. 나는 여러분에게 이렇게 제안하고 싶다.

"첫째, 멋진 액자를 주문한다. 둘째, 그 액자 속에 자신이 성공한 이미지를 찍은 사진을 벽에 걸어둔다. 셋째, 그리고 그 사진을 매일매일 본다. 넷째, 마치 이루어진 것처럼 믿는다."

내가 가지고 싶은 것들이 멋진 집이 될 수도 있고, 멋진 요트가 될 수도 있다. 당신의 꿈을 시각화하면 그 이미지는 반드시 현실이 된다. 위대한 성공을 거둔 사람이라면 이 놀라운 원리를 모두 알고 실천하고 있다. 나도 처음 콜센터에 일을 시작하면서 나만의 독특한 방법으로 시각화했다. 콜센터에서는 업적 표를 문 앞이나 사무실 벽에 붙여준다. 그 업적 표 가장 위에 1등 상담사의 이름이 나온다. 그럴 때 나는 내 이름을 보지 않고, 그 1등 상담사의 이름에 내 이름이 있다고 상상했다. 그리고 다음 문장을 5번씩 속으로 말했다.

'1등은 ○○○상담사가 아니라, 김우창 팀장이다.'

나는 매일매일 업적 표를 보면서 하루에 5번씩 주문을 외우듯 말했다. 중요한 점은 의심하지 않는 것이다. 당연히 이루어지리라 생각하는 것이다. 진심으로 믿는 것이다. 반복적으로 주문을 외운 지 한 달 정도 지나자 나에게 변화가 생겼다. 1등 상담사들을 나도 모르게 따라 하고 있었다. 출근 시간, 콜타임, 퇴근 시간, 하루 목표 등 내가 마치 1등 상담사가 된 것처럼 행동하고 있었다.

이미 성공한 모습을 마음속으로 생생하게 그리는 것은 매우 중요하다. 자신의 마음속에서 꾸준히 이미지화시켜보자. 그러면 절대 긍정의 에너지가 자기 인생을 긍정으로 이끈다. 보이지 않지만 달라고 소망하는 것이다. 보지 못하는 것이지만 그대로 이루어질 줄 믿는 것이다. 당신의 꿈을 시각화하라. 멋진 인생이 당신을 기다리고 있을 것이다.

김우창 팀장의 노하우 박스

김우창 팀장의 네 번째 성공습관

1. 원하는 모습을 상상한다.
2. 액자를 사서 벽에 걸어 시각화하라.
3. 이루어진 모습을 상상하고 믿어라.

가난한 생각에서
부자 생각으로 바꿔라

· · ·

"무언가 되고 싶고, 하고 싶고, 앞으로 나아가고 싶고, 오르고 싶고,
삶에 더 많은 의미를 부여하고 싶은 욕망은 기적을 만드는 재료다."

– 노먼 빈센트 필(Norman Vincent Peale) –

반드시 부자가 되겠다는 욕망이 부자를 만든다

예전에 《지금 당장 롤렉스 시계를 사라》라는 책을 본 적이 있다. 책 제목이 너무 자극적이어서 정말 읽고 싶은 생각이 들게 하는 마력을 지녔다. 이 책이 한동안 입소문을 통해 한참 인기를 얻은 적이 있다. 인터넷에서 어떤 블로거는 롤렉스를 구매하고 인증사진을 올린 것을 본 적도 있다. 저자는 특이한 이력의 소유자로 100권이 넘는 책을 출판한 인기도서 작가다. 강연가로서도 큰 활약을 하고 있다. 그는 이렇게 말한다.

"부자가 되었기 때문에 고급 승용차를 가지고 싶은 것이 아니다. 고급승용차를 타고 싶었기 때문에 비로소 그것을 살 수 있는 부자가 된 것이다."

우리가 상식적으로 생각하는 방법과 완전히 다른 접근이다. 성공하고자 하는 욕망이 먼저 일어나야 그에 걸맞은 성취를 하게 된다는 아주 간단한 논리를 전하고 있다. 처음 보험 콜센터에서 일하면서 나는 가난한 생각을 하고 있었다. 가난한 생각이란 돈이 없는 가난을 말하는 것이 아니다. 생각이 가난했다.

'내 주제에 무슨 고급 승용차야, 기름값이면 집을 사겠다.'
'송충이는 솔잎을 먹어야 하는 법이다.'
'부자들은 모두 도둑놈들이야, 양심적으로 살아야지.'

나 자신을 깎아내리는 것이 마치 내가 세상을 다 안다고 착각하게 하는 작용을 했다. 그래서 나를 자주 학대하고, 먹고 싶은 것이 있어도 억누르는 습관이 있었다.

'나는 운이 없는 사람이다.'
'성공할 자질이 없는 사람이다.'

이런 생각을 자주 했다. 그러면서 이런 불만이 생겼다. '난 왜 성공하지 못할까?' 부자들을 욕하면서 부러워했다.

저자의 말을 간단하게 줄이면, 지금은 나의 조건이 부족하고 쓰레기 같은 인생을 살고 있다고 해도 자신에게 아낌없이 투자하라는 것이다. 내가 비록 지금은 방 한 칸 원룸에서 한 달 벌어 한 달 먹고살아도 과감하게 가지고 싶은 것에 돈을 지불하라고 말한다. 그렇게 하면 생각하지도 못하게 꿈이 움직이는 모습을 볼 수 있다고 한다.

여기서 중요한 내용은 꿈이 움직인다는 부분이다. 저자는 약 100권의 책을 쓴 사람이다. 가만히 앉아서 꿈만 꾼 사람이 아니라는 것이다. 꿈을 이루기 위해 무의식 속에서 수십, 수백까지 방법을 찾아 행동으로 이루고자 부단히 노력하게 된다는 것이다.

상식적으로 험악하게 생긴 사람에게 다가가기 싫은 것처럼, 돈도 자신을 좋아하고, 아껴주고, 사랑해주는 사람에게 더 많이 찾아가는 것이다. 나는 그때부터 돈을 좋아하기 시작했다. 가난한 생각에서 부자의 생각으로 변하고 있었다. 내가 죽기 전에 꼭 이루고 싶은 버킷리스트 2가지가 있다면, 독일 브랜드 벤츠의 최신 모델 구매와 세계여행이다. 저자의 말대로라면 먼저 차를 구매하고 여행을 다니면 그다음에 필요한 돈이 생기고 자연히 그에 걸맞은 능력을 갖추기 위해 스스로 부단히 노력하게 될 것이다. 기발하고 대단한 발상이 아닐 수 없다.

나는 예전에 미국에 있을 때 BMW를 빌려서 타고 다녔다. 정말 멋진 차였다. 시속 100㎞를 달려도 마치 50㎞를 달리는 듯한 안정감이 좋았다. 그때의 기억은 정말 엔도르핀을 돌게 한다. 고급자동차를 타니 당장은 허리가 휘고 기름값에 허덕이지만 곧 깨닫게 된다. 성공한 사람이 되기 위해 남들보다 몇 배는 더 노력하게 된다. BMW 동호회에서 나름 분야에서 성공한 사람들을 만나게 된다. 일도 BMW에 어울리지 않는 편의점 아르바이트나 막노동처럼 힘들고 어려운 잡일이나 더러운 일은 피하게 된다. 오히려 더 멋지고 매력적인 직장을 찾게 되는 것이다. 마치 내가 성공한 사람처럼 행동하게 되는 효과가 생기고 성공한 사람을 당당히 찾아가 도움을 요청하게 된다. 정말 그에 맞게 성공한 사람처럼 행동하려고 노력하게 된다는 것이다. 구질구질한 옷을 입지 않고 더러운 말도 삼가게 되고 매너 있는 행동을 하게 된다.

여러분의 버킷리스트도 벤츠라면 지금 당장 중고라도 구매해서 꿈을 이루어보라. 행운의 여신이 당신 편에서 응원해줄 것이다. 내가 경험해본 것이다. 만약 가슴이 두근거리고 하루하루가 행복하다면 성공한 것이다. 상황이 여의치 않다면 사진이라도 지갑에 넣고 다녀라. 그 버킷리스트를 손에 넣고 여행을 다니는 모습은 황홀한 기분을 선사하고 일에 더 열정적으로 임하게 되는 계기가 될 수 있을 것이다.

가난한 생각은 당장 쓰레기통에 넣어라
나는 책을 읽으면서 가난한 생각이 산산이 부서지는 경험을 했다. 가난한 생각은 예를 들면 이런 것이다.

'내 주제에 무슨 고급 승용차야?'

'그냥 대충 살다 갈 거다. 난 돈 같은 거 욕심 없어. 성공은 개나 줘라.'

'부자들은 다 사기 쳐서 부자 되는 거야. 난 착하고 정직한 가난이 좋아.'

이런 핑계로 자신을 합리화한다. 이것은 몹시 가난한 생각이다. 나도 예전에는 그랬다. 하지만 부자들 욕하면서는 절대로 부자가 될 수 없다. 이런 사람은 가까이하지 않는 것이 건강에 좋다. 성장을 방해하는 드림 킬러(꿈을 죽이는 사람)이기 때문이다. 한자에 근묵자흑(近墨者黑, 먹을 가까이하는 사람은 검어진다는 뜻으로, 나쁜 사람과 가까이 지내면 나쁜 버릇에 물들기 쉬움을 비유적으로 이르는 말)이라는 말이 있다.

사람은 주변의 상황에 같이 편승하는 경향이 있다. 자신도 모르게 주변 사람의 생각이 전염된다. 술친구가 많다면 나도 술을 잘 먹게 될 확률이 높고, 성공한 친구가 많다면 나도 성공할 확률이 높아지는 것이다. 신사임당이 왜 그렇게 이사를 많이 했는가? 바로 자식을 잘 키우는 데 주변 환경의 영향이 강하게 작용하기 때문이다. 당신이 성공하고자 한다면 이 드림 킬러를 박멸해야 한다. 그래야 더 밝은 미래를 볼 수 있다. 당신은 지금 드림 킬러를 죽이고 있는가?

'돈 쓰는 것을 무서워하며 평생 모으기만 하는 사람이 되지 말자. 과감하게 욕망을 충족시키면서 더 큰 부자가 되자.' 물론 이 말에는 엄청난 위험이 따르는 듯 보인다. 당장 몇 억을 쓰라는 말이 아니다. 예를 들면 한 달에 한 번은 고급 레스토랑에 가서 부자들의 기분을 느껴보고, 가끔은 고급 호텔에서 비싼 방을 예약해서 성공자들의 기분을 느껴보라는 말이다. 그래서 성공을 향한 당신의 욕망을 자극하라는 말이다. 그만큼 노력을 하면 더 열정을 가지고 살게 된다. 투자의 개념에서 고급 승용차나 멋진 집이 성공의 부싯돌 역할을 한다면 꼭 사야 하는 멋진 투자처다. 지금 당신은 당신의 인생을 위해 무엇에 투자하고 있는가?

 김우창 팀장의 노하우 박스

김우창 팀장의 네 번째 성공습관

1. 원하는 모습을 상상하라.
2. 액자를 사서 벽에 걸어 시각화하라.
3. 이루어진 모습을 상상하고 믿어라.

야간 고등학교를 겨우 졸업하고 10억 원의 빚더미에서
연 매출 5,000억 원의 글로벌 CEO가 된

켈리 최

켈리 최 회장은 유럽 10개국에서 창업 7년 만에 연 매출 5,000억
원이라는 고속 성장을 이룬 글로벌 기업, 켈리델리(KellyDeli)의 창업자
이자 회장다. 현재는 누구나 부러워할 만한 성공을 이룬 여성 사업가
로 살아가고 있다.

하지만 수년 전까지만 해도 10억 원이 넘는 빚을 진 40대 여자였다.
첫 사업의 실패로 10억 원의 빚더미에 앉아 후배와 만난 자리에서 '저
커피값은 누가 내는 거지?'를 고민했을 만큼 힘겨운 나날을 보내기도
했다. 그녀는 죽고 싶을 만큼 힘들었다고 책에서 털어놓기도 했다.

거기서 그녀는 포기하지 않았다. 다시 일어설 수 있다고 굳게 맹세
했다. '성공확언'을 매일 아침 선포했다. '나는 절대 실패한 것이 아니
다.' 그리고 실패로 끝났던 첫 사업을 돌아보고 2년간 할 수 있는 모든

준비와 공부를 마친 후 한국이 아닌 프랑스에서 다시 사업을 시작해 이제는 연 매출 5,000억 원의 세계적 기업의 CEO가 되었다. 2017년 현재 유럽 10개국에 700여 개의 매장이 있으며, '100년 기업'이 되기 위한 혁신 시스템을 구축해가고 있다. 그녀는 '행복'을 1순위로 삼고 이를 기업문화에도 적용해 자신과 가족뿐만 아니라 직원, 가맹점주, 파트너사, 고객, 나아가 전 인류를 행복하게 만드는 방법을 고민하며 이를 실천하고 있다.

그녀의 책《파리에서 도시락을 파는 여자》에는 이런 구절이 있다.

"당신이 어디에 있든, 어떤 학교를 나왔든, 나이가 몇 살이든, 어떤 일을 하고 있든 누구나 꿈을 꿀 권리가 있고 기적과 만날 자격이 있다."

억대 연봉자의
진심 어린 충고 한마디

· · ·

"말하고 있을 때는 아무것도 배울 수 없다.
오늘도 많은 것을 배우기 위해서는 그저 상대방의 말을 경청하는 것뿐이다."

– 넬슨 만델라(Nelson Rolihlahla Mandela) –

상담 천재들은 사례를 잘 활용한다

"고객을 돈으로 보면 안 돼. 내가 받을 것을 생각하면 고객도 금방 눈치를 챈다고. 뉴스 같은 사례를 넣어서 고객에게 도움을 줄 것에 관해서 연구해봐."

콜센터에서 힘들어하던 나에게 상위 0.1% J상담원이 해준 말이다. 이 말은 나에게 값으로 따지면 약 5,000만 원짜리였다. 말단사원에서 그해 약 5,000만 원을 벌었으니 그 정도의 가치가 있었다. 사례를 들어서 설명하는 부분을 2명의 상담원을 통해 알아보자.

주택화재보험 상품이 있다고 하자.

A상담원은 이렇게 말한다.

"이 보험상품은 실수로 집에 불이 났을 때 ○○원을 보장해드립니다. ○○년 내면 ○○○ 보장과 ○○원을 만기 때 받을 수 있습니다."

B상담원은 이렇게 말한다.

"하루에 116건(2016년 기준)의 크고 작은 화재사고가 우리나라에서 발생합니다. 재산피해는 1,580억 원 정도 됩니다. 내 잘못이 없어도 옆집에서 화재가 내 집으로 오는 일도 있으니 이제는 화재에 안심할 수 없습니다. 저도 방에 다리미를 켜놓고 나갔다가 방바닥이 새카맣게 타서 깜짝 놀란 적이 있거든요. 순간의 실수가 단 몇 분 만에 고객님이 평생 모은 재산을 모두 태워버릴 수 있습니다. 옆집으로 번지면 실화법 적용으로 수억 원을 물어줄 수도 있습니다. 그럼 길바닥에 나와서 살 수밖에 없습니다. 고객님이 그런 걱정하시지 말라고 한 달 커피값도 안 되는 ○○원만으로 ○○억 원을 보장해드리겠습니다. 국내 1위 튼튼한 자산을 가진 ○○ 보험사에서 고객님이 평생 모은 재산을 지켜드리겠습니다. 그리고 없어지는 돈이 아니고 노후자금 쓰시라고 만기 때는 ○○원을 목돈으로 돌려받으실 수 있습니다. 방금 계약하신 고객님은 집이 몇 채가 있으셔서 ○○건의 계약을 하셨는데 우리 보험회사를 선택한 이유가 가장 믿음이 가는 회사라고 하셨거든요."

여러분이 고객이라면 A상담원이 잘한다고 생각하는가? B상담원이 잘한다고 생각하는가? 모든 사람이 말할 것이다. B상담원과 같이 상담해야 한다. 사례를 잘 활용하는 것은 대단히 중요하다. 나는 처음에 입사해서 고객과 상담할 때 열심히 설득하려고만 했지, 좀 더 전문적으로 사례를 들어 연구하는 방법을 몰랐다.

콜센터에 들어오면 누구나 계약에 대한 욕심이 생기게 된다. '더 열심히 일해서 더 많은 돈을 벌어야지.'라고 생각한다. 하지만 무턱대고 사례 없는 상담을 하게 되면 계약이 잘 나오지 않게 된다. 내가 억대 연봉 상담사에게 배운 방법을 여러분의 느낌대로 바꿔서 해보길 바란다.

고객을 무조건 계약을 하는 도구로만 생각하지 말고 좀 더 구체적으로 사례를 통해 계약이 나오는 상담을 해보자.

진심을 잘 전달하려면 먼저 경청하라

전 세계적으로 5,000만 부나 판매된 《데일 카네기 인간관계론》이라는 책에는 고객과 관계를 어떻게 해야 하는지에 대한 명확한 답이 나와 있다. 인간 경영과 자기계발 분야 최고의 컨설턴트인 데일 카네기(Dale Carnegie)는 수많은 저서를 통해 인간관계에서 승리하는 방법을 전했다. 그의 책 속에 이런 글이 있다.

"다른 사람을 설득하고자 할 때 대부분의 사람은 혼자만 떠들어대는 경향이 있다. 세일즈맨들 중에 이런 치명적 실수를 저지르는 사람들이 많다. 상대가 말을 하도록 해야 한다."

자기 말만 하는 것. 내가 처음 콜센터에 들어와서 가장 많이 한 실수였다. 고객의 말을 끊고 내 말만 하는 것이다. 잘 들어주는 고객도 물론 있지만, 대부분은 싫어한다. 신입 상담사분들은 교육 시간에 스크립트를 배운다. 이렇게 설명해야 한다는 공식이다. 그럼 배웠던 스크립트를 써먹기 위해서 습관적으로 자기 말만 하는 버릇이 생기게 된다.

"고객님, 이 상품은 ○○○이 좋고 ○○○ 동안 보장받으시는데 ○○○원밖에 안 하거든요. 가장 먼저 고객님께 안내 전화했습니다."

그럼 고객이 도망가고 실적이 안 나오게 된다. 이렇게 바꿔야 한다.

"고객님, ○○○ 상담원입니다. ○○보험 유지 중이신데 불편하거나 궁금한 점은 없으셨나요?"

이렇게 출발해야 한다. 모든 상담에 첫마디는 고객이 '네.'라고 말할 수 있는 질문을 던진다. 이것은 나중에 계약할 때도 '네.'라는 말을 들어야 하기 때문이다. 그래서 나는 도입에서 고객이 무조건 '네.'가 나올 수 있도록 유도한다.

모든 콜의 도입부는 고객의 의중을 질문으로 시작한다. 무턱대고 상품만 설명하다가 사고가 난 경우가 있었다. 운전하는 고객에게 상담원이 끈질기게 설명을 했는데, 그 고객이 사고가 난 것이다. 상담원은 놀란 나머지 통화를 종료하고, 그 일로 인해 민원이 발생했다. 보험사 전체 부서에 공지사항이 떴다.

"앞으론 고객이 운전 중이면 절대 상담을 진행하지 말라."

판매는 제일 나중에 해도 된다. 무조건 상품 설명만 한다면 그런 상담은 반드시 부작용이 생긴다. 어떤 상담원은 30분 상담하는 동안 90%는 자기 말만 하기도 하는데, 전달해야 하는 내용이 많더라도 고객을 진정으로 이해하려는 자세가 먼저다.

한국의 경영대가로 뽑히는 김효준 BMW코리아 대표는 이렇게 말했다.

"소통은 기술이 아니라 진정성이다."

진정으로 고객을 이해해야 한다는 말이다. 어머니가 어린아이를 돌볼 때 기술적으로 돌보는 것을 본 적이 있는가? 암기해서 아이를 돌보는 부모는 없다. 부모가 아이를 돌보기 전에 공부하고 노력해서 돌보는가? 아니다. 아이를 진정으로 사랑하는 마음을 가지고 돌보는 것이다. 사랑하는 마음이 우선인 것이다. 아이가 아프면 같이 울어주고 아이가 기쁘면 같이 기뻐해주는 것이다.

상담을 할 때, 기술이 아니라 고객의 말을 잘 들어주고 사랑으로 다가간다면 앞으로 펼쳐질 당신의 미래는 찬란하고 아름답게 변할 것이다. 내가 장담한다. 상담에 어려움을 겪는 많은 사람은 노력으로 어려움을 극복하고자 하는 경향이 있다. 노력이 아니라 이젠 사랑이다. 세계 최고의 베스트셀러 《성경》에도 이런 말이 나온다.

"믿음, 소망, 사랑 중에 제일은 사랑이다."

내가 본 억대 연봉자들 중 기술로 상담하는 사람은 없었다. 모두 한결같이 진심으로 고객을 생각하는 마음으로 상담을 하는 것이다. 고객도 사람이기 때문에 그것을 느낀다. 스킬만 가지고는 성공할 수는 없다. 나중에 이 책을 보고 상담하게 된다면 이것 한 가지만 기억하자.
"고객을 진심으로 대하면 자연히 돈도 따라오고 명예도 생긴다."

김우창 팀장의 노하우 박스

김우창 팀장의 여섯 번째 성공습관

1. 사례를 잘 활용해서 고객 입에서 이런 말이 나오게 하라. "해주세요."

2. 경청은 상담에서 가장 중요한 기술이다.

3. 고객을 진심으로 대하면 돈도 명예도 따라온다.

5장

꿈을 잃어버린 사람에게도
희망은 있다

세상에
완벽한 시작은 없다

· · ·

"처음부터 완벽해지려고 마음먹어선 안 돼.
자기만의 원석을 찾아내서 오랜 시간 다듬어 가는 거란다."

– 영화 〈귀를 기울이면〉 중에서 –

아기가 걸음마를 배우려면 엉금엉금 기는 연습부터 해야 한다

처음부터 완벽한 시작은 없다. 남녀가 결혼해서 아기가 태어나면 그 아기는 반드시 거치는 과정이 있다. 바로 엉금엉금 기어 다니는 것이다. 처음부터 걸어 다니는 아기는 없다. 기어 다니는 것이 정상이다. 그러다 서서히 걸음마에 숙달하게 된다.

콜센터도 마찬가지다. 첫 신입사원 때는 기어 다니는 연습을 해야한다. 반드시 겪어야 할 과정이다. 고객의 거절도 당해봐야 하고, 계약이 갑자기 취소되는 일도 당해봐야 상담을 어떻게 해야 하는지 감이온다. 그 과정에서 '내가 왜 이렇게 못하지?'라고 생각하면 안 된다. 모든 억대 연봉자도 처음부터 잘한 게 아니다. 그 실패들이 모여 성공을 향한 디딤돌이 되는 것이다. 우리가 시냇가를 건너려면 반드시 디딤돌이 필요한 것처럼 말이다.

하지만 아무리 열심히 한다고 해도 제대로 된 코칭을 받지 못하면 다음과 같은 문제가 발생한다. 보험 콜센터는 아무나 들어와서 성공할 수 있는 곳이 아니다. 아무런 준비도 없이 들어오면 이런 일이 생긴다.

1. 한두 달 일하다가 계약이 나오지 않으면 그만두게 된다.
2. 충분히 고액 계약을 체결할 수 있는 고객에게 설명을 잘하지 못해 놓친다.
3. 소개를 받지 못해 많은 계약을 체결하지 못한다.
4. 최하위권에서 늘 경고 대상이 된다.
5. 좋은 스크립트가 없으므로 상담할 때 문제가 생긴다.
6. 아무리 노력해도 연봉을 3,000만 원 이상 받지 못한다.
7. 가망고객 관리법을 모르기 때문에 예약고객이 없다.

준비 없는 도전은 마치 스카이다이빙을 하는데 낙하산이 없는 것과 같다. 무척 위험하다. 누군가 "낙하산이 왜 없어요?"라고 말해주어야 하는데, 여기 영업전쟁터에서는 아무도 그런 말을 해주지 않는다. 오히려 더 좋아한다. 자신들의 경쟁자가 없어지기 때문이다. 그래서 나는 이 폐단을 없애버리고 싶었다. 그래서 네이버 카페를 만들었고 많은 사람에게 "낙하산을 준비해야 합니다."라고 말하고 싶었다. 비밀과 외처럼 하던 일을 이제는 카페를 통해 많은 사람에게 도움을 주고 싶다.

군대도 훈련소 6주 과정이 있다. 총 쏘는 방법, 화생방 훈련, 천리행 군 등 군인이 되기 위해 알아야 할 모든 것을 배워야 전쟁이 나도 승리 할 수 있다. 무턱대고 총만 들고 나가 싸운다면 100전 100패가 된다.

콜센터도 마찬가지다. 준비를 철저히 해서 들어간다면 준비되지 않은 사람들과 격차가 확 벌어지게 된다. 내 동생도 월급 150만 원을 받으며 배달 일을 하다가 나의 도움으로 억대 연봉자가 되었고, 네이버 카페에도 수많은 사람이 나의 도움으로 크게 성공자가 되었다.

지금 당신이 만약 힘들고 어려운 상황에 있다면 당신에게 필요한 건 열심히 해보라는 격려가 아니다. 격려는 100번 들어도 당신을 변화시킬 수 없다. 아무런 힘을 발휘하지 못한다. 예를 들어, 내가 밥을 못 먹어서 쫄쫄 굶고 있는데 "밥을 먹어야지, 힘내."라는 말은 아무런 소용이 없다. 가장 필요한 건 스스로 용기를 내는 것이다. "근처에 맛 있는 식당이 어디 있지? 빨리 가보자."라는 적극적인 태도다. 이것을 최우선으로 두어야 한다.

일단 시작해서 평생직장을 만들자

세계적인 미래학자 토마스 프레이(Thomas Frey)는 "2030년까지 20억 개의 직업이 사라질 것"이라고 했다. 당신이 지금 하는 일이 없어질 수도 있다는 말이다. 아무리 그 분야의 전문가라고 해도 시대의 흐름을 이길 수는 없다. 아무리 공부를 많이 했어도 이제는 평생직업을 준비해야 하는 시대가 왔다. 예전처럼 '회사가 나를 먹여 살려주겠지…'라는 안일한 생각에서 벗어나야 한다.

급변하는 사회에 발맞추어서 나아갈 수 있는 용기도 동반되어야 하는 시대가 되었다. 언제 닥칠지 모르는 미래의 위협을 준비하는 데는 용기가 필요하다. 가장 먼저 해야 할 일, 우선순위는 나의 직업이 사라질 수도 있다는 경각심을 가지는 것이다. 그리고 노력 대비 성과가 좋은 직업을 차근차근 준비하는 것이다.

평생직업이란 컴퓨터가 대체할 수 없는 직업을 말한다. 나만이 잘할 수 있는 직업, 나는 보험 콜센터를 선택했다.

보험에 가입해본 사람은 알 것이다. 스스로 보험에 가입하고자 하는 사람은 없다. 상담사의 설득과 인내와 노력이 계약을 만들어내기 때문이다. 이 작업은 컴퓨터가 아무리 발달해도 할 수 없는 영역이다. 이 직업은 한번 배워놓으면 평생 당신의 통장 잔액을 채워줄 것이다. 문제는 적응하는 것이다. 아무리 평생직장으로 손색이 없어도 내가 제대로 적응하게 도와주는 곳이 없다면 도루묵이다. 나의 상담 과정을 꼭 신청해서 들어라. 잘 배워서 적응하면 매달 1,000만 원씩 받고 자녀들과 매달 해외여행을 다니며 노후를 만끽할 수 있다.

그리고 또 좋은 점은 여기는 나이가 들어 70세가 넘어가도 나가라고 하는 사람이 없다. 일반직장처럼 언제 잘릴지 걱정을 하지 않아도 된다. 정해진 월급을 받으며 상사의 눈치에 야근을 안 해도 된다. 노력한 만큼 성과로 보답을 받는 시스템이다.

물론 처음 적응하기 위해 배워야 할 것이 많지만, 나는 네이버 카페를 운영하며 많은 사람에게 평생직장의 세계로 안내하고 있다. 네이버에 '한국텔레마케팅코칭협회'를 치면 된다. 나의 10년 경험을 나누어주는 시간이 바로 일일특강이다. 질문하고 싶은 것, 책에서 풀지 못한 나의 경험담을 들을 수 있다. 기존 상담원들은 연봉을 2배 받을 수 있는 비결도 함께 배울 수 있다. 꼭 참석해보기를 바란다.

내가 카페에서 진행하는 억대 연봉 과정이 있는데 워낙에 문의가 많아 한 기수당 10명으로 제한하고 있다. 너무 많으면 코칭을 제대로 할 수가 없기 때문이다. 과정 중에는 발성 과정도 있다. 과거에 나는 상담을 하면서 목이 너무 아파 매번 쉰 소리가 났었다. 이대로 가다가는 목이 망가져 일을 못 할 것 같았다. 실제로 목을 많이 써서 성대를 다쳐 일을 못 하는 상담사들도 꽤 있다. '뭔가 대책을 세우자.' 그래서 이탈리아에서 유학한 성악과 교수를 찾아가 레슨을 받았다. 호흡

법, 발성법을 배우면서 고질병이던 목이 안 아팠다. 친구의 축가를 부를 만큼 노래 실력도 좋아졌다. 한 번에 15만 원씩 한 달에 10번을 받았다. 3개월 동안 받았으니 한 200~300만 원 정도 주고 배운 것을 알려주는 강의다.

상담사들에게는 목소리가 매우 중요하다. 우리는 고객과 얼굴을 마주하고 일하는 것이 아니기에 목소리가 얼굴이 되는 것이다. 지금 행동하지 않으면 자신의 재능은 파묻혀버린다. 당신의 성공을 응원하고 꼭 성공하길 바란다. 내가 도와줄 수 있다.

성공자에게 배우면 시작이 엄청 쉬워진다

네이버 카페에서는 어떻게 상담사를 준비해야 하는지 상세하게 알려주고 있다. 취업부터 시험 준비, 억대 연봉에 필요한 상담법 등 처음 시작하는 사람도 완벽하게 준비된 군인처럼 만들어준다. 정말 급하다면 나에게 문자나 전화, 혹은 카카오톡 메시지를 주어도 된다. 내 전화번호는 잘 오픈하지 않는다. 하지만 매우 급한 사람들에게는 전화가 답이다. 물어봐야 속이 후련해지는 사람이 있다. 나처럼 말이다.

내 번호는 010-8126-5016이다. 강의 중, 상담 중인 경우가 많아 전화를 잘 못 받는다. "작가님, ○○○이라고 합니다. 통화 가능 시 문자 부탁드립니다. 긴히 상의할 내용이 있습니다."라고 문의를 하면 끝나고 바로 연락을 줄 것이다.

제대로 된 코칭을 받으면 어떠한 전투에 나가서도 승리할 수 있다. 내 동생은 배달하는 일을 하다가 나의 도움으로 억대 연봉자가 되었다. 그는 가끔 나에게 이런 말을 한다. "형, 고마워. 형 때문에 집도 생기고 결혼도 하고 아이도 생겼어." 그럴 때는 정말 뿌듯하고 보람을 느낀다. 내가 잘 가르쳤다고 할 수도 있지만, 열심히 배우는 것이 가장 중요하다.

4개의 스토어를 세계 최고의 커피 브랜드로 만든 스타벅스 회장

하워드 슐츠(Howard Schultz)

하워드 슐츠는 빈민가에서 1개의 소매점에서 출발해 10년 만에 세계의 커피를 제패하고 최고급 커피 브랜드 '스타벅스'를 만든 세계적 기업의 CEO다. 스타벅스는 현재 2,000여 매장을 가진 세계 최고의 커피 브랜드다. 1,000년 커피 역사를 뒤집는 그의 10년 성공 신화는 매우 놀랍다.

그는 1975년, 노던 미시건 대학교에서 비즈니스학으로 학사 학위를 받고 제록스사에서 3년간 세일즈와 마케팅 분야에서 일했으며, 이후 스웨덴 회사 해마플라스트의 부회장 겸 총지배인이 되었다. 그러다 우연히 스타벅스의 커피 맛과 경영방식에 반해, 1982년 대기업 부회장의 자리를 박차고 나온다. 그의 결정은 거대기업의 신호탄이었다.

당시 오직 4개의 스토어를 갖고 있던 작은 커피 회사 스타벅스의 마

케팅 책임자로 합류한다. 1986년 이태리 스타일의 에스프레소 바를 열기 위해 스타벅스를 떠나 '일 지오날레'를 연 뒤, 1987년 8월 스타벅스를 인수해 회장 겸 최고 경영자가 되었다. 이것은 커피를 사랑하는 그의 마음이 없었다면 결코 이룰 수 없는 일이다. 사랑은 모든 어려움을 이기게 해주고 목표를 달성하게 해주는 가장 큰 영향을 준다.

만약 당신이 지금 바닥에서 성공을 하고자 한다면 자신의 일을 미친 듯이 사랑하라. 그것이 가장 빠른 지름길이 될 것이다.

그는 커피에 대한 자기 생각을 《스타벅스, 커피 한 잔에 담긴 성공 신화》에서 이렇게 말한다.

"나는 모든 커피 한 잔, 한 잔에 나의 마음을 쏟아붓는다."

절약이 아닌
투자를 하라

. . .

"생각하는 데로 살지 않으면 사는 대로 생각하게 된다."

– 폴 발레리(Paul Valery) –

절약만 하면 뼈 빠지게 일해서 남는 게 없다

콜센터 상담원 중에서 오피스텔 4채를 가진 상담원이 있었다. 웃음 바이러스를 가지고 계셔서 많은 상담원의 멘토 역할도 톡톡히 하고 계셨다. 고민이 있으면 바로 용한 부채 도사처럼 말끔히 해결해주시는 분이다. 이분은 60대로 일을 그렇게 잘하시는 분은 아니다. 그래도 배울 게 많고 인생에 대한 조언도 많이 해주신다. 이분은 항상 지갑에 신권으로 만 원짜리 50장을 들고 다니신다. 돈은 대접을 해주면 더 많이 들어온다고 돈은 꼭 신권으로 바꿔서 집에 고이 모셔놓는다고 한다. 휴게실에서 만나면 가끔 이런 말을 하신다.

"나처럼 나이 먹고 식당 가서 설거지나 해야 하는 사람을 받아주는 회사가 있어서 고맙지. 하루에 1~2시간만 일하고 300~400만 원씩 꾸준히 받는 직장이 어디 있나? 나이가 됐다고 나가라고도 안 하지, 월급 때 되면 꼬박꼬박 돈도 주니 난 콜센터가 너무 좋아."

그럼 나는 정말 잘 들어오셨다고 칭찬을 해드린다. 그러면 또 신나셔서 말씀해주신다.

"내가 오피스텔이 4채인데 투자한 게 5억 원 정도 돼. 그런데 매달 200만 원밖에 안 들어와. 이 콜센터는 투자하는 것도 없는데 매달 적어도 300~400만 원은 꾸준히 들어오잖아. 내가 이걸 일찍 시작했으면 정말 부자가 되었을 텐데 참 아쉽다. 내 아들은 좋은 대학 나왔는데 아직도 취직도 못 하고 있으니…. 콜센터에 취업이라도 시키고 싶다."

그리고 한마디 더 붙여주셨다.

"젊었을 때 돈 아끼지 말고 이것저것 많이 해봐야 돈 버는 눈이 생겨."

절약도 중요하지만 발품도 팔고 많은 경험을 해보는 데 투자하라는 말씀이셨다.

요즘 시대에 1% 초저금리 이자를 받으려고 저축만 하는 사람은 정말 살아남기 힘들다. 예전에는 금리가 5, 7% 했으니까 저축해도 이자 불어나는 맛이 있었다. 하지만 지금은 100만 원 10년 저축해도 거의 원금밖에 안 된다. 이런 상황에서 절약만 하고 산다는 것은 손해를 보고 사는 것일 수 있다.

그럼 어디에 투자해야 하는가? 난 단 1초의 망설임도 없이 배움에 투자하라고 말하고 싶다. 다시 대학교에 등록해서 수업을 들으라는 말이 아니다. 내가 관심 있는 분야의 책도 사보고 세미나와 특강이 있으면 가서 들어보고 하라는 말이다.

나도 콜센터에 처음 들어왔을 때 500만 원짜리 6주 과정을 들었었다. 그랬더니 처음에는 월급이 150만 원이었지만 지금은 1,000만 원 정도로 약 7배가 뛰었다. 세상 어디에 7배의 수익률을 주는 곳이 있는가? 그래서 나는 무조건 배움에 투자하는 것을 추천한다. 세상 어디에도 배움에 투자하는 것보다 더 큰 수익률은 없다.

역시 부자들은 다르게 생각하고 다르게 행동한다. 남들과 똑같이 생각하면 똑같은 결과밖에 나올 수 없다. 콩을 심으면 반드시 콩이 나오게 되어 있다. 내가 수박을 원하면서 콩만 매일 심고 있어서는 안 된다. 수박을 원한다면 수박을 심어야 한다. 이제는 다르게 생각하는 것을 연습해보자.

자신에게 투자하면 세상은 당신을 원하게 된다

나는 인생의 선배들이 가득한 콜센터라는 공간이 좋다. 이곳에는 일을 아주 잘하지는 않더라도, 사회적으로 명성을 쌓아온 사람들이 적지 않다. 국회의원의 조카도 있었고, 문재인 전 대통령의 통역사가 딸인 분의 아버지도 있었으며, 여의도 증권회사에서 부장까지 지내다 온 분도 계셨다. 사회적으로 잘나가던 사람들조차 노후가 가까워지면 결국 보험 콜센터로 모이게 되는 현실이다.

어떤 분은 치킨집을 운영하다가 실패한 뒤 이곳으로 오기도 한다. 이처럼 사람들이 몰린다는 것은 자본금 부담이 적고 당장 생계를 이어갈 수 있기 때문이다. 그만큼 세상은 각박하고, 나이가 들수록 선택지는 줄어든다는 뜻이기도 하다.

사실 나도 같은 한국 사람이지만 대한민국 정부는 당신과 나의 노후를 책임지지 않는다. 나이 들어서 국민연금, 노령연금 몇 푼 주는 것 말고는 없다. 아침부터 저녁까지 뼈 빠지게 일해서 돌아오는 것은 명예퇴직이라는 훈장밖에 없다. 그렇다고 더 열심히 일한다고 바뀌는 것은 없다. 회사가 나를 평생 책임지는 시대는 끝났다는 이야기다.

내가 강조하는 것은 절약이 아닌 나 자신에게 투자하고 평생직장인 콜센터에서 편안한 노후를 맞이하라는 것이다. 하지만 세상 어디에도 이 방법을 알려주는 곳은 없다. 하지만 내가 운영하는 카페에서는 알려준다. 그곳에서 일일특강을 신청하라. '한국텔레마케팅코칭협회'라고 치면 된다. 그럼 매니저들이 친절히 알려줄 것이다.

당신이 나이가 들어서 회사에서 쫓겨나 다른 일을 알아보는 것은 피해야 한다. 지금이라도 미리 준비한다면 그것은 막을 수 있는 일이 된다. 내 노후는 내가 스스로 준비하지 않으면 누구도 대신해주지 않는다. 그것이 우리가 사는 이 세상의 법칙이다. 60세가 넘어서는 사실 취업이 쉽지 않다. 받아주는 곳도 없다. 평생직장으로 처음부터 정해야 하는 이유가 바로 여기 있다. 미국 자동차의 전설 헨리 포드가 한 유명한 말이 있다.

"할 수 있다고 믿든, 할 수 없다고 믿든 결과는 당신이 믿는 대로 된다."

성과는 결국 믿는 만큼 나온다. 내가 이만큼 할 수 있다고 믿으면 그대로 되는 것이다. 그는 40세가 넘어서까지 자신에게 투자하라고 조언하는 것을 본 적이 있다. 내 친구들은 진로에 대한 고민을 지금도 한다. '직장을 옮겨야 하나? 이 나이에 유학을 하러 가서 스펙을 쌓아야 하나? 자격증을 따볼까? 공무원시험이나 볼까? 주식이나 한번 해볼까?'

나는 이 말을 해주고 싶다.

"자신에게 투자하라. 자신이 원하는 것에 대한 강연과 특강을 찾고 그것에 투자하라."

"해봤어?"라고 외치던 현대그룹의 창업자 정주영 회장의 말이다.

그는 도전의 아이콘으로 유명하다. 일반 사람들은 감히 상상도 할 수 없는 일을 악으로 깡으로 이뤄낸 전설적인 인물이다. 그는 돈도 없으면서 유럽은행을 찾아가 당당하게 말했다.

"우리나라는 세계최초로 거북선을 만든 나라요. 내가 당신들이 원하는 배를 지어주겠소. 나를 믿고 돈을 빌려주시오."

요즘 사회에서는 말들은 많이 하지만, 정작 실천하는 사람은 많지 않다. 링크드인 창업자 리드 호프만(Reid Hoffman)의 사업철학은 "생각은 크게, 행동은 빠르게(Think Big, Act Fast)"이다. 여러분도 크게, 빠르게 행동하자. 지금 당장 말이다.

더 넓은 세상으로
나아가라

. . .

"앞을 못 보는 사람보다 불행한 사람은 꿈이 없는 사람이다."

– 헬렌 켈러(Helen Keller) –

공짜는 더 넓은 세상으로 나가는 큰 걸림돌이다

나를 포함한 대부분의 사람들은 공짜를 좋아한다. 뭔가를 얻기 위해서 대가를 지불해야 한다는 생각을 거의 안 하게 되었다. SNS 마케팅도 신청만 하면 스타벅스 커피 쿠폰을 보내주고, 맥도날드에 가서도 공짜 케첩을 준다. 인터넷이 발달하다 보니 '누가 요즘 영화관을 가냐?'라며 조금 지난 영화도 무료로 보는 시대가 되어버렸다.

무료가 마케팅적인 측면에서 좋은 것이긴 하지만 성공에는 큰 걸림돌이 된다. 마치 노숙자가 되어 매일 밥을 공짜로 얻어먹는 삶이 멋있는 삶인가? 당신이 사장이라면 일도 하지 않으면서 매일 공짜를 바라는 사람을 직원으로 채용할 것인가? 당신의 배우자를 결정하는 데 그런 사람과 결혼할 것인가? 아니다. 절대 그렇게 생각하는 사람은 없다.

성공은 자판기에 돈을 넣으면 바로 튀어나오는 것이 아니다. 수많은 도전과 실패를 반복하다 보면 조금씩 보이는 것이 성공이라고 말하고 싶다. 당신이 사는 세상보다 더 큰 세상으로 도전하고 싶다는 생각을 하는 게 먼저다.

난 더 큰 세상을 바로 보험 콜센터라고 말하고 싶다. 콜센터는 스펙도 보지 않고, 치킨집처럼 자본금으로 수천만 원이 드는 것도 아니다. 나 같은 백수도 성공할수 있게 만들어준다. 지금처럼 평생직장이 없는 시대에 최적화된 시스템을 갖추고 있다. 아무것도 없고, 아무것도 몰라도 성공할 수 있게 만들어준다. 세상에 이런 곳이 어디 있는가? 잘만 배워서 도전하면 좋은 성과가 날 수 있는 곳이다.

하지만 공짜로 되지는 않는다. 나의 노력과 좋은 선생님을 만나야 한다. 아무리 좋은 선생님도 학습 의욕이 없는 학생에게는 무용지물이다. 아무리 좋은 학생도 제대로 가르치는 선생님이 없다면 아무런 결과가 나타나지 않는다. 2가지 조건이 완벽하게 부합할 때 인생을 바꾸는 기적 같은 일이 일어나는 것이다.

나는 여러분이 그 주인공이 되기를 바란다. 기적은 멀리 있지 않다.

내가 더 큰 세상으로 나가기 위해 가장 필요한 것은 '나는 할 수 있다.' 라는 결심이다. 더 큰 세상이 당신을 기다리고 있다. 많은 고객이 보험의 혜택을 보는 순간을 상상하라. 반드시 이루어질 것이다.

더 큰 세상으로 나가려면 더 큰 실패도 준비하라

나는 콜센터에 들어가기 전에 백수였던 적이 있었다. 당시 내가 무슨 일을 해야 성공할 수 있는지 알려주는 사람은 아무도 없었다. 미국에서 실패한 경험이 나의 발목을 잡았다. '난 뭘 해도 안 될 거야.'라는 이상한 생각을 하기도 했다.

모든 것을 다 내가 결정해야 했다. 그래서 당시 내가 한 일은 공부였다. 내 수준의 사람들을 만나서는 도저히 해결할 방법이 없었기 때문이다. 매일 같은 백수들끼리 모여서 술이나 퍼마신다고 해결책이 나오는 게 아니었다.

성공한 사람들의 책을 100권 쌓아놓고 본 적이 있는가? 나는 실제로 한번 해보았다. 난 정말 궁금했다. 그 사람도 사람이고 나도 일반 사람이다. 과연 무슨 차이가 있다는 것인가? 누구는 고급 승용차를 타고 다니면서 회장님 소리를 듣는데, 누구는 쥐꼬리만 한 월급을 받으면서 밤늦게까지 야근하고 기름값이 무서워 차도 못 사는 것일까? 자본주의 사회에서 어떻게 하면 성공할 수 있는지 정말 궁금했다.

그래서 실제로 100권을 쌓아놓고 연구를 해보았다. 책 한 권에 한 가지 핵심내용을 도출해내는 식으로 '100가지 성공할 수밖에 없는 이유'를 찾아보았다. 그리고 한 가지 공통점을 발견하게 된다. 그들은 마치 짜고 치는 고스톱처럼 한 가지를 말한다. 스포츠선수로 성공한 사람도, 사업가로 성공한 사람도, 베스트셀러 작가로 성공한 사람도, 게다가 노숙자에서 큰 기업의 사장이 된 사람도 이렇게 말했다.

그것은 바로 '실패를 실패라고 생각하지 않았다'라는 것이다. 그들은 아주 단순하고 평범한 진리를 말하고 있었다. 크게 성공하고 싶다면, 큰 실패를 경험해야 하고, 작게 성공하고 싶다면, 작은 실패를 경험하면 된다는 것이다. 누구나 생각은 할 수 있지만 지금 실패에 직면한 사람은 그 소리가 배부른 사람들이 하는 소리라고 할 수도 있다.

하지만 나는 실패가 실패가 아닌 이유 100가지 중 10가지만 발췌해서 소개하고 싶다.

1. 농구천재 마이클 조던(Michael Jordan)은 선수 생활 중 9,000번의 슛에 실패했고,
2. 발명가 에디슨(Thomas Edison)은 전구를 발명하기 위해 9,999번의 연구에 실패했다.
3. 물리학자 아인슈타인(Albert Einstein)은 9살까지 말을 잘하지 못했고, 대학 졸업 후 일자리가 없어 백수였다.

4. 비행기를 발명한 라이트 형제는 1,000번의 비행에 실패했다.

5. 경영 천재 마스시타 고노스케(松下幸之助)는 "난 한 번도 실패한 적이 없다."라고 했다. 그 이유는 어려움이 왔을 때 멈추면 실패지만 계속 전진하면 실패가 아니기 때문이다.

6. 16대 미국 대통령 링컨은 23세 주의원 낙선했고, 23세에 사업도 실패했고, 27세에 연인을 잃은 후 정신분열증세가 왔고, 이후 선거에서 수차례 낙선했다.

7. 해리포터 작가 조앤 롤링(Joan K. Rowling)은 결혼도 파경이 되고, 혼자 아이를 키우는 가난한 보모였다.

8. KFC 창업자 커널 샌더스는 1,008곳에 레시피 판매를 시도했지만 실패했다.

9. 산악인 엄홍길은 8번 히말라야 같은 높은 산 등반에 실패했다.

10. 애플의 창업자 스티브 잡스는 애플에서 해고되어 더 크게 성장할 수 있었다. 그것이 인생의 참맛이라고 말한다.

여기서 알 수 있는 것은 여러 가지다. 그중 한 가지는 "꿈을 이룬 사람들은 꿈의 크기만큼 실패를 했다."라는 것이다. 당신은 지금 힘들고, 실패해서 낙심하고 있는가? 그럼, 나는 이렇게 말해주고 싶다. "당신의 실패와 불행은 당신이 실패라고 생각하는 데 문제가 있다." 그것은 실패가 아니라 실패를 가장한 축복인 것이다.

아이가 엄마 배 속에서 태어나면 엉금엉금 기어 다니다가 나중에는 수십 번, 수백 번 일어나서 걸으려고 노력한다. 우리는 한 가지 100% 확신하는 것이 있다. 그 아기는 그러한 수많은 실패의 경험을 통해 일어나서 걸어 다닐 것이라는 사실이다. 성인이 되어서도 엉금엉금 기어 다니는 사람을 본 적이 있는가? 절대 그렇지 않다.

2명의 직원으로 시작해서 세계 최고의
투자 기업 소프트뱅크를 만든

손정의 회장

손정의는 1998년 미국의 〈타임〉지가 선정한 '사이버공간에서 가장 영향력 있는 인물 50명' 가운데 17위에 올랐다. 1999년 1월에는 소유하고 있는 야후재팬 주식의 주가가 폭등해 단기간에 12억 4,000만 달러를 번 것으로 화제가 되었으며, 그해 6월에는 〈포브스〉지가 발표한 세계 '200대 부호'에서 재산 규모 64억 달러로, 53위를 차지했다. 그리고 2000년 12월에는 〈포브스〉지의 올해의 비즈니스맨으로 선정되었으며, 2001년 일본 국세청이 발표한 '2000년도 일본 고액 납세자' 3위를 기록했다. 그리고 2018년 9월 〈포브스〉지에 따르면, 손정의 회장의 재산은 24조 5,000억 원으로 일본 부자 1위를 기록하고 있다.

그의 시작은 아주 미비했다. 그는 직원 2명을 데리고 소프트뱅크사를 설립했다. 그에게는 꿈이 있었다. "소프트뱅크를 세계 최고의 투자 회사로 만들겠다." 1982년 소프트뱅크는 매출 35억 엔의 중견 기업으로 성장했다. 이후 야후·킹스턴테크놀로지·지프 데이비스 등 미국의 첨단업체에 투자하면서 세계적인 '인터넷 재벌'로 부상했다.

그리고 모두를 놀라게 한 사건은 2004년에 중국 전자상거래 사이트인 알리바바에 6,000만 달러(약 720억 원)를 투자해서 엄청난 수익을 벌어들인 것이다.

미키 다케노부(三木雄信)는 《손정의 경영을 말하다》에서 그의 실행력을 높이 평가하며 이렇게 말한다.

"그는 '말없이 실행하는' 방식이 아니라 '일단 말부터 뱉고 실행하는' 타입이다."

도전,
한 살이라도 젊을 때 시작하라

· · ·

"자신만의 걸음으로 자기 길을 가거라. 바보 같은 사람들이 무어라 비웃든 간에."

– 영화 〈죽은 시인의 사회〉 중에서 –

콜센터는 늦게 들어가면 후회하는 직장이다

예전에 MBC 뉴스를 본 적이 있다. 아파트 경비원을 하다가 쫓겨난 할아버지의 이야기였다.

"이력서를 50통을 갔다가 줬어. 50통이면, 50장이면 종잇값만 해도 얼마야?"

서울 종로의 한 고령자 취업 알선센터에 올해 70살 송○○ 할아버지가 경기도 원당에서 찾아온 것이다. 얼마 전 3년 동안 일하던 아파트 경비원 자리에서 쫓겨난 뒤 새로운 일자리라도 찾을 수 있을까 싶어 찾아왔다고 한다.

"63살, 65살인 사람부터 쓰지, 우리 같은 사람 써?"

하지만 서울에 사는 노인만으로도 사람이 넘쳐, 경기도에 사는 송 할아버지는 구직 등록조차 못 했다고 한다.

우리나라는 곧 초고령화 사회로 접어든다. 일본은 이미 10년 전에 초고령화 사회에 진입했다. 통계청에 따르면, 우리나라도 2050년이 되면 65세 이상의 노인 인구가 38%가 넘을 전망이라고 한다. 지하철 을 타면 10명 중에서 3.8명이 노인이 된다는 말이다. 이것은 무척 충 격적인 사회적인 문제가 아닐 수 없다. 일하는 사람은 없고 노인들만 가득한 나라가 되는 것이다. 더 큰 문제는 노인들을 받아줄 회사가 없 다는 데 있다.

그래서 나는 평생 일할 수 있는 보험 콜센터를 적극적으로 추천해 주고 싶다. 나이가 든 노인도 일할 수 있는 곳을 한 살이라도 젊었을 때 준비를 하라고 말해주고 싶다. 내가 일하는 콜센터에도 60~70세 의 상담원들이 굉장히 많다. 그리고 일도 엄청나게 잘하신다. 매달 1,000만 원 넘게 받아가시는 분도 계신다. 정말 대단하지 않을 수 없 다. 나이 드신 분들에게 전 직장을 물어보면 모두 여기만큼 좋은 데는 없다고 말씀하신다. 그리고 빨리 못 들어온 게 후회된다고 하신다.

"한 살이라도 젊을 때 들어왔으면 인생이 많이 바뀌었을 텐데…."

대부분 일반 직장에 적응된 직장인들은 자신이 평생 그 직장에서 일할 거라고 생각한다. 하지만 회사는 그럴 생각이 없다. 어느 정도 시간이 되면 넘쳐나는 신입사원들을 더 뽑을 생각을 한다. 그리고 나가라고 한다. 명예퇴직이라는 멋진 문장을 사용해서 말이다.

생각해보자. 고속도로를 달리는데 10㎞ 전방에 길이 끊겨 있다고 표지판에 나왔다고 치자. 그러면 속도를 더 내고 달려갈 것인가? 톨게이트에서 연장되어 있는 길로 갈아탈 것인가? 답은 아주 간단하다. 1초라도 빨리 톨게이트로 나가서 길이 끊어지지 않은 곳으로 옮겨야 한다.

하지만 대부분의 사람은 '어떻게 되겠지, 도로공사에서 연결해줄 거야.'라고 생각한다. 미래는 아무도 모른다. 한 가지 확실한 건 10㎞ 전방에서 차를 멈추든, 낭떠러지로 떨어지든 둘 중 하나는 선택해야 한다는 것이다.

빨리 시작해야 유지수당도 많이 받는다

콜센터에서 오래 일한 분들의 가장 큰 장점은 기존계약자들이 많다는 점이다. 오래 일을 하다 보니 소개가 많다. 젊은 사람들처럼 일을 많이 하지 않아도 계약이 나온다. 거의 소개로만 계약하신다. 오래된 고객이 많아 소개가 많이 들어온다고 한다. 자녀를 낳으면 또 전화가 오고, 결혼한 자녀가 손자를 낳으면 또 전화가 오고, 자동차보험 만기가 되면 또 전화가 오고, 친구가 암에 걸리면 또 전화가 오는 식이다. 이런 식으로 한 달에 1,000만 원씩 버는 분들도 많다.

그분들은 보험을 20~30년 하셨으니 얼마나 많은 고객이 있겠는가? 나 같아도 나를 관리해주는 사람이 10년이 넘어 내 집안에 숟가락이 몇 개 있는 것까지 다 안다면 신뢰하고 맡길 것이다. "길게 설명하지 말고, 제일 좋은 거로 해줘. 금액도 알아서 해주고." 신뢰는 쌓기가 힘들지만 한번 쌓아놓으면 그것만큼 도움이 되는 것이 없다. '죽마고우'라고 하지 않았던가?

보험 콜센터는 장기적으로 보면 혜택이 굉장히 많다. 해외여행뿐만 아니라 오래된 상담사들에게 회사는 매달 유지 보너스를 평균 300만 원 정도 지급한다. 그럼 지난달에 일한 것과 이번 달 유지 보너스를 합치면 1,000만 원이 넘는 경우가 많다. 유지 보너스를 위해서라도 하루라도 빨리 들어가야 한다.

어떤 상담사는 벌써 집이 10채가 넘었고 상가도 구매했다고 말하는 것을 들었다. 집이 몇 개라서 퇴근을 이리저리 하니 헷갈린다고 자랑도 하신다. 그만큼 삶의 여유가 있고, 경제적으로도 풍족하다는 증거. 세상에 어느 직업이 이렇게 나이가 들어도 받아준단 말인가? 만약 있다면 나에게 알려주기 바란다. 나는 세상에서 보험 콜센터가 제일 좋다.

한 명이라도 보험의 혜택을 더 빨리 보게 하자

사실 보험이라는 게 없으면 불안해지고, 있으면 깨고 싶은 것이다. 아이러니하다. 미국에서 금문교를 가본 적이 있는가? 금문교에 대한 유명한 일화가 있다.

지금으로부터 약 70여 년 전, 미국 샌프란시스코에는 금문교를 건설하는 공사가 있었다. 그 높은 곳에서 바다를 바라보고 일하는 사람들의 마음이 얼마나 무섭고 불안했을까? 그래서 매일 추락 사고가 일어나 일이 진척되지 않고 있었다. 사람들은 아무리 많은 돈을 준다고 해도 그 높은 곳에서 위험한 일을 하려고 하지 않았다. 모두가 그곳에 올라가면 죽는다는 불안감과 두려움이 있었기 때문이다.

공사를 주관하는 업체에서는 현상금을 걸고 일을 진행할 방도를 구했다. 그러던 중, 한 일꾼이 공사장 아래에 안전 그물망을 설치하면 좋겠다는 의견을 냈다. 그 건설담당자는 10만 달러의 돈을 들여 다리 아래에 안전 그물망을 설치했다. 다시 일이 시작되고 이상한 일이 벌어졌다. 그날부터 아래로 추락하는 사고가 한 건도 발생하지 않은 것이다. 공사도 한층 더 빨라졌다. 그리고 모든 공사를 아름답게 끝냈다고 한다.

왜 이런 일이 생겼을까? 기술자들은 무서운 바다가 아니라 안전한 그물망을 바라보았기 때문에 두려움이 사라지고 편한 마음으로 일을 할 수 있었던 것이다.

보험은 마치 안전 그물망과 같다. 살다 보면 수많은 위험을 당하는 사람을 보게 된다. 교통 사고, 화재 등의 사고를 당하거나 질병으로 수술, 입원 등을 하게 되었다고 생각해보자.

그 사람들이 적절한 보험의 혜택을 받지 못한다면 살던 집을 팔아야 할 수도 있고, 커다란 빚을 지게 되어 삶은 무너지거나 자식들이 더욱 큰 고통을 당해야 할 수도 있다.

내가 다니는 보험 콜센터에는 매주 골프 치러 다니시는 70세 할머니도 계시고, 72세 할아버지도 계신다. 대부분의 보험 콜센터 평균연령이 40~60세다. 20~30대가 많은 센터도 있고 중년이 더 많은 센터가 있다. 20~30대는 운전자 보험이나 상해 보험을 파는 곳에 많이 분포되어 있고, 나이 드신 분들은 암 보험이나 종신 보험 등 삶의 경험이 많은 분들이 팔기 좋은 상품을 파는 곳에 있다. 모두 똑같은 상품을 판매하는 것이 아니다 보니 센터별로 연령대가 각각 다르다.

내 동생에게도 말했지만, 내가 콜센터를 추천해줄 때는 그 사람의 나이, 경력, 하는 일 등을 모두 고려해서 오랫동안 장기간 일을 할 수 있는 곳에 넣어준다. 면접을 보는 방법, 시험을 보는 방법, 계약하는 방법까지 모든 과정을 원스톱으로 코칭해준다. 나의 카페나 전화로 연락해라. 친절하게 도움을 주겠다.

핀볼 기계를 팔던 세계 최고의 투자가

워런 버핏(Warren Buffett)

워런 버핏은 1930년 오마하에서 태어났다. 기업가이자 투자가이며 자선사업가로서, '오마하의 현인'으로 불린다. 버크셔 해서웨이 CEO 겸 회장이자 최대 주주로, 2017년 8월 현재 재산 811억 달러(약 88조 원)를 보유한 세계 4위 부자이자 세계 최고의 투자가로 꼽힌다.

그는 컬럼비아 경영대학원에서 벤저민 그레이엄(Benjamin Graham)에게 가치 투자를 배워 최고의 투자가로 성장한다. 찰리 멍거(Charles Munger)와 함께 버핏 투자조합을 설립해 직물회사 버크셔 해서웨이를 인수했고, 이 회사를 시가총액 기준 미국 7위의 거대 복합기업 지주회사로 키웠다. 버크셔는 1주의 가격이 2017년 11월 현재, 약 27만 달러(약 3억 원)에 이른다. 버핏은 세계적인 거부인데도 검소한 생활을 유지하고 있으며, 재산의 99%를 기부하기로 약정했다.

그는 어렸을 때부터 껌이나 콜라, 주간신문 등을 팔고, 할아버지의 채소가게에서 일을 하고, 핀볼기계를 이발소에 설치해 장사를 하는 등 돈을 벌고 모으는 데 관심이 많았다. 11살 때는 누나와 함께 100달러의 자금으로 주식 투자를 시작하기도 했다. 17살부터 21살 때까지 펜실베이니아대학 와튼 비즈니스 스쿨, 네브래스카-링컨대학, 컬럼비아대학 경영대학원에서 경제학을 공부했다. 현재 버크셔 해서웨이의 최고경영자로 활동하고 있다.

워런 버핏 회장은 자신의 저서 《워런 버핏 주식투자 콘서트》에서 이렇게 말한다.

"나는 넘지도 못할 7피트 장대를 넘으려고 애쓰지 않는다. 나는 내가 쉽게 넘을 수 있는 1피트 장대를 주위에서 찾아본다."

당신의 재능은
당신의 생각보다 대단하다

· · ·

"나머지 인생을 설탕물이나 팔면서 보내고 싶습니까,
아니면 세상을 바꿔놓을 기회를 얻고 싶습니까?"

– 스티브 잡스(Steve Jobs) –

당신의 다이아몬드는 밟는다고 깨지지 않는다

"명문대를 졸업해서 월급 150만 원 받고 일하는 사람 많아요. 저는 우연히 재능을 찾아서 돈을 많이 버는 거고요."

내가 아는 P선배님의 이야기다. 그분은 대기업에 다니다가 때려치우고 콜센터로 오셨다고 한다. 그분은 국내에서 명문대로 알아주는 이화여대를 졸업했다고 했다. '이대를 나온 분도 콜센터에 입사하는구나.' 깜짝 놀랐다. 콜센터에서 억대 연봉자들은 대부분 고졸이기 때문이다.

콜센터에 다니며 돈을 많이 벌어 몇 채의 집을 가지고 있는 H상담사는 과거 짜장면 배달부였다. 자신에게 억대 연봉자의 피가 흐르고 있었는데 짜장면을 배달하고 있었다. 그 사람이 '콜센터로 와야겠다'라는 생각을 하지 않았다면 돈을 많이 벌 수 있는 재능을 썩혔을 것이다. 그리고 아직도 짜장면이 식기 전에 배달해야 하는 일을 계속하고 있었을 것이다.

또 다른 억대 연봉자인 K상담사는 과거 과일가게 판매원이었다. 장사가 안 돼 과일이 썩어서 망하고 콜센터에 들어오셨다고 한다. 그분은 중학교를 중퇴하고 나중에 검정고시를 보신 후에 콜센터에 입사하신 분이다. 열심히 노력해서 매달 900만 원이 넘는 급여를 꾸준히 벌고 계신다. 만약 그분도 자신의 재능을 썩히고 계속 과일가게에 있었다면 지금처럼 잘될 수는 없었을 것이다.

내가 10년 동안 콜센터에서 억대 연봉자들을 본 결과, 한 가지 확실한 것이 있다. 그들은 자신에게 있는 다이아몬드를 갈고닦아 빛나게 했다는 것이다. 하지만 대부분의 사람은 자신에게 다이아몬드가 없는 것처럼 산다.

"나는 할 수 없어."
"성공은 남의 이야기니까 나에게 그런 말 하지 마."

IQ보다 중요한 것은 자신에게 있는 다이아몬드를 빛나게 하려는 끈기와 노력이다. 자신에게 주어진 일에 목숨을 걸고 온 힘을 기울이면 하늘이 도와준다. 우주의 신은 내가 가진 IQ를 보는 것이 아니다. 내가 간절히 원하는 것을 계속 상상할 때 그것을 이루어주는 것이다.

당신은 당신이 생각하는 것보다 더 위대하다. 전 세계 60억 인구 중에 당신과 100% 같은 사람은 없다. 당신은 60억 분의 1의 확률로 태어난 귀중한 존재다. 그렇다면 당신이 가지고 있는 재능을 발견하기 위해서는 무엇을 해야 할까?

우선 작은 것부터 시작해보자. 세상에는 수만 가지의 직업이 있지만, 당신에게 맞는 일을 찾기는 하늘의 별 따기다. 이것저것 두려워하지 말고 시작해보자. 어차피 무일푼이라면 실패해도 무일푼이다. 사람은 누구나 빈손으로 와서 빈손으로 간다. 물론 처음부터 황금 주머니를 가지고 태어나는 사람도 있다. 일명 '금수저'라고, 부모를 잘 만난 사람은 거액의 유산을 가지고 태어나기도 한다. 하지만 부자는 3대를 못 간다고 한다. 내가 말하는 부자의 기준은 내가 노력하고 힘써서 번 돈은 절대 배신하지 않는다는 것이다.

당신이 만약 지금 '흙수저'라고 해도 그것으로 당신의 가치가 정해지는 것이 아니다. 만약 10만 원짜리 지폐를 발로 밟았다고 해보자. 그럼 그 10만 원의 가치가 떨어지는가? 다이아몬드 반지를 변기에 떨어트렸다고 해보자. 그렇다고 그 다이아몬드의 가치가 떨어지는가? 아니다. 아무리 많은 이유를 갖다 대도 그 가치는 사라지지 않는다.

당신도 마찬가지다. 당신이 만약 지금 놀고 있는 백수라고 해도, 사업이 망해서 노숙자가 되었다고 해도 그것이 당신의 가치를 결정하는 기준은 아니다.

당신에게 흐르고 있는 억대 연봉의 피를 발견하라

나는 콜센터에 처음 입사했을 때 무일푼이었다. 가진 게 전혀 없었다. 그래서 고맙게도 새로운 도전을 하는 데 자유로울 수 있었다. 잘하지 못해도 잃을 게 없어서 걱정이 없었다.

그래서 바로 시작할 수 있었다. 내가 만약 그때 시작하지 않고 차일피일 미루었다면 지금의 나는 없을 것이다. '꼭 지금 해야 하나? 오늘만 날인가? 나중에 하면 되지.'라고 생각했다면, 나는 지금도 백수로 살고 있었을 것이다. 지금의 나를 만든 건 그때 나의 과감한 결정이다.

나는 당신에게도 억대 연봉자의 피가 흐르고 있다고 생각한다. 하버드 대학의 윌리엄 제임스(William James) 교수는 "평균적인 인간은 지적 잠재 능력의 10%밖에 발휘하지 않는다."라고 말했다. 만약 100%를 다 사용할 수 있다면 어떤 일이 일어난단 말인가? 나는 인간의 능력은 상상을 초월한다는 것을 믿는다. 정말 진심으로 개발하기를 원하고 상상하고 이루어진 모습을 계속 주시하라. 그러면 우주의 법칙은 그것을 이루어도록 능력을 부여한다.

인간에게 놀라운 능력이 있다는 것은 많은 사례를 통해 검증되었다. 어린아이가 말을 배우는 것을 보면 과학자들은 모두 놀란다. 스펀지처럼 엄청난 속도로 언어를 습득하기 때문이다. 뉴스에서 사고로 버스에 깔린 아들을 본 어머니가 초인적인 능력을 발휘해 혼자 버스를 들어 올린 내용을 본 적이 있다. 이런 현상을 여러분들은 어떻게 설명할 수 있는가? 나는 종교를 초월해서 신이 창조한 모든 사람에게는 엄청난 재능과 능력이 있다고 믿는다.

우리는 현대사회에 컴퓨터가 등장하기 이전, 1만 년 동안 발전한 것보다 더 빠르게 발전하는 시대에 살고 있다. 인터넷으로 지구 반대편에 있는 사람과 화상통화를 하는 시대에 산다. 이 시대의 흐름에 맞춰 당신도 더 큰 성공을 위해 도전하라. 반드시 그 꿈은 이루어질 것이다.

혹시 학력이 낮다고 지레 겁을 먹고 있는가? 내 경험상 학력이 높은 사람은 머리가 좋지만 대부분 열심히 하지 않는다. 학교 공부와 콜센터 공부는 다르다. 콜센터는 학교 때 성적이 좋았다고 계약을 많이 하는 곳이 아니다.

여기서는 학력과 스펙이 중요하지 않다. 나를 보라. 나는 백수에서 시작했다. 당신도 백수라면 나처럼 과감하게 도전해보길 바란다.

가진 게 없으면
잃을 것도 없다

. . .

"내가 가진 것이라고는 꿈과 그리고 아무 근거도 없는 자신감뿐이었다.
그리고, 거기서 모든 것이 시작되었다."

– 손정의 –

잃을 것이 없는 것, 가장 강력한 무기

"또, 철회가 들어왔어?"

내가 처음에 콜센터에 입사했을 때는 실패의 연속이었다. 10건을 계약하면 5건의 철회가 들어왔다. 그때는 그 이유를 알지 못했다. 나중에 그 이유를 알게 되었고, 이를 고치게 되었다. 그 이유는 바로 상담 중에 철회 멘트를 너무 많이 남발해서였다.

"고객님, 지금 계약하신다고 완벽하게 계약이 성립하는 게 아니에요. 생각해볼 시간을 드릴게요. 30일 동안 고민해보다가 싫어서 철회

(계약취소)하시면 1회 보험료를 돌려드려요."

　　이런 식으로 계약을 하다 보니 고객이 쉽게 계약을 하지만 진짜로 철회하는 고객들이 많았다. 지금은 많이 좋아져서 상담 중에 철회 멘트는 적게 쓰고, 보험이 필요한 이유를 좀 더 자세히 설명하려는 노력을 하고 있다.

　　다행히도 내가 처음에 실패를 밥 먹듯이 할 때는 가진 것이 없었다. 그래서 남들보다 더 쉽게 이겨낼 수 있었다. 한 달에 5건 계약하나, 철회가 들어와서 4건 계약하나 별 차이가 없었기 때문이다. 대부분의 사람이 도전을 하지 못하는 이유는 '내가 가진 것들을 잃어버리지 않을까?'라고 걱정이 되기 때문이다.

　　만약 당신이 가진 것이 없다면 잃을 것도 없다. 그냥 도전해서 안 돼도 본전이다. 그리고 실패했다고 해도 좌절할 필요가 없다. 또다시 일어나 도전하면 되니까 말이다.

　　하지만 많이 가진 사람은 다시 일어나기가 힘들다. 너무 많이 잃어버렸기 때문에 10t 트럭이 달려와 내 몸에 부딪히는 충격을 느끼기 때문이다. 대기업 회장이나 큰 규모의 회사 대표가 자살을 하는 이유가 무엇인가? 가진 게 너무 많다는 말은 반대로 책임의 무게가 크다는 것이다.

당신이 가진 게 없다면 그것은 축복이다. 언제든지 시작할 수 있고, 실패에 대한 충격이 거의 없기 때문이다. '멘탈갑'은 가진 것이 없을 때 생기는 무기다. 그리고 도와주는 사람이 있다면 그것은 더 큰 축복으로 변하게 된다.

나는 콜센터에서 연도 대상도 받고, 억대 연봉자가 되었고, 시상으로 해외여행도 많이 다녀왔지만, 처음 업계에 발을 들여놨을 때는 도와주는 사람이 아무도 없었다. 수많은 거절과 실패와 싸워야 했다. 한번은 고객과 싸워서 센터장에게 불려가기도 했고, 큰 계약을 해놓고 취소를 당하기도 하고, 대학생 계약자의 부모가 전화해서 "왜 가입시켰느냐?"라고 욕하기도 했다.

하지만 여러분에게는 나같이 도와주는 사람이 있지 않은가? 자랑하는 것이 아니다. 여러분이 다시 일어서는 힘을 나에게 받아가기 바라는 마음으로 하는 말이다.

가진 게 없을수록 꼭 배워야 할 VIP 마케팅

혹시 2080법칙을 들어본 적이 있는가? 이 법칙을 잘 이용한다면 가진 게 없는 사람도 정말 큰 성과를 이룰 수 있다. 나를 청년 백수에서 억대 연봉으로 만들어준 법칙이기 때문이다. 이것은 경제학 용어다. 네이버 지식백과에는 이렇게 나와 있다.

"2080법칙은 기업의 20%에 해당하는 사람들이 80%의 일을 하고, 전체 판매 제품 중 상위 20% 제품에서 80%의 수익을 올린다."

쉽게 말하면, VIP 마케팅이다. "하루에 100명의 고객을 만난다면, 그 중 20명이 가장 많은 소비를 한다."라는 이론이다. 우리가 상담에 진행하는 데 큰 도움을 주는 법칙이다. 이것을 모르면 발생하는 일이 있다.

1. 아무리 노력해도 결과가 없다.
2. 출근해서 퇴근할 때까지 1건도 계약을 못하는 일이 생긴다.
3. 고객과 통화 시간은 3시간 나와도 계약은 1건밖에 못 한다.
4. 억대 연봉자가 절대 될 수 없다.
5. 많은 고객과 실속 없는 상담만 하니 계약은 없고 목만 아프다.

우리는 100명에 집중하는 것이 아니라 가장 확률이 높은 20명에 집중해야 한다. 이것은 모든 영역에서 적용된다. 입시학원에도 적용되고, 기업 마케팅에도 적용되고, 백화점 매출에도 직결될 만큼 엄청난 원리다. 특히, 백화점들은 상위 20%의 고객들을 위한 서비스팀을 따로 마련하고 있다. 나머지 80명에 집중하는 회사는 내가 장담하는데, 오래 살아남기 힘들다. 마케팅을 잘못하고 있는 것이다.

콜센터에서도 나의 실적에 전혀 도움이 되지 않는 80%의 사람들이 있다. 그런 사람이 당신을 괴롭게 한다면 행운이라고 생각하자. 그 이유는 버리면 되기 때문이다. 할 듯 말 듯한 사람이 제일 골치 아프다. 상담에 시간은 엄청 들어가는데 안 한다. 차라리 처음부터 욕하고 끊는 고객이 더 좋다. 그냥 가지치기를 하면 되기 때문이다.

가지치기해야 하는 고객은 이런 사람들이다. 이런 사람들이 80%의 고객이다. 이런 사람과는 절대 길게 통화하면 안 된다. 바로 끊고 통화 값에 거절이라고 남겨서 다시는 영영 전화하지 말아야 한다.

1. 이유 없이 고성을 지르는 고객

2. 전화를 건성으로 받으면서 약속만 잡는 고객

3. 비싼 선물을 대놓고 요구하는 고객

4. 상담원을 무시하는 고객

5. 계속 바쁘다고 핑계를 대는 고객

그럼 어떤 고객이 20%의 고객일까? 알려주겠다. 이것만 알아도 이 책값의 10배는 뽑아내고도 남을 것이다.

1. 내 말을 경청하는 고객

2. 바빠도 공손하게 말하는 고객

3. 나를 존중해주며 대답을 잘하는 고객

4. 첫 상담에 10분 이상 들어주는 고객

5 보험에 관심이 많아 이것저것 많이 물어보는 고객

6. 전화를 못 받아서 죄송하다고 하는 고객

7. 침묵하지만 잘 듣는 고객

8. 설명하면 뉘우치듯 한숨을 쉬는 고객

9. 병력 때문에 가입 여부를 묻는 고객

10. 만기 때 얼마 받는지 물어보는 고객

이 법칙을 미리 공부해둔다면 실적을 올리는 데 상당한 도움이 된다. 이 20%의 고객을 위한 노트를 따로 만들어두라. 그리고 자주 연락하라. 그럼 당신의 실적이 지금보다 2배는 올라갈 거라고 장담한다. 하루에 2시간을 통화한다면 이 20%의 고객과 1시간 이상을 할애하라. 나를 믿고 한번 시도해보길 바란다.

매일 20%의 고객만 만난다면 정말 좋겠지만, 사실 상담을 하다 보면 좋은 고객도 만나고, 정말 끔찍할 만큼 어려운 고객도 만나게 된다. 좋은 고객은 꽃으로 비유하자면, 잘 관리하고 물을 주고 잘 가꾸어주어야 할 대상이다.

하지만 나쁜 고객은 바로 뿌리를 뽑아야 한다. 뽑지 않으면 날카로운 가시에 찔려 상처를 입게 된다. 그럼 앞으로 상담을 진행하기 힘들어진다. 나쁜 고객들을 만나 가시에 찔려 마음의 출혈이 일어나는 일은 피해야 한다. 이것이 상위권 상담원과 하위권 상담원을 가르는 결정적인 기준이다.

창고에서 놀던 괴짜 프로그래머에서 세계 최고의 부자가 된

빌 게이츠(Bill Gates)

빌 게이츠는 480억 달러의 재산을 보유한 세계 최고의 갑부, 세계에서 가장 존경받는 리더, 디지털 제국의 제왕, 컴퓨터 천재다. 워싱턴 주 시애틀에서 1955년 10월 28일 출생한 빌 게이츠는 13세에 컴퓨터 프로그래밍을 독학으로 터득했다. 그는 레이크사이드 스쿨에 입학하면서부터 컴퓨터와 관계를 맺게 되었으며, 이곳에서 마이크로소프트사의 공동 창업자인 폴 앨런(Paul Allen)을 만났다. 하버드 대학을 중퇴하고 19세에 2살 위인 폴 앨런과 1,500달러를 자본으로 마이크로소프트(MS)사를 설립했다. 현재 마이크로소프트사의 회장으로 재직 중이다.

아직 컴퓨터가 상용화되지 않았던 시절, 빌 게이츠는 '모든 책상 위에 컴퓨터를, 모든 가정에 컴퓨터를'이라는 원대한 꿈을 꾸었고, 그 꿈을 실현하고 있다.

1995년 윈도우(Windows)의 개발로 세계 소프트웨어 시장을 석권했으며 지금 MS의 매출은 연 140억 달러를 넘는다. 1986년 MS사가 상장되면서 빌 게이츠는 31살의 나이에 역사상 가장 어린 억만장자가 되었으며, 〈포브스〉 선정 세계의 갑부 1위에 11년째 올라 있다. 〈파이낸셜 타임즈〉가 선정한 2004년 존경받는 세계의 비즈니스 리더 1위에도 올랐으며, 총 200억 달러를 기부한 세계 최고의 자선가이기도 하다.

《빌 게이츠 이야기》의 저자 임원기는 빌 게이츠가 성공한 가장 큰 요인이 독서 습관이라고 말한다.

"오늘날의 나를 만든 것은 동네 도서관입니다. 멀티미디어 시스템은 정보 전달 과정에서 영상과 음향을 사용하지만, 문자는 여전히 세부적인 내용을 전달하는 최선의 방식입니다."

우리 모두의 주머니 속에는
다이아몬드 원석이 있다

최근 소더비 국제 경매에서 다이아몬드 원석이 경매에 부쳐졌다. 2015년 보츠와나에서 채굴된 다이아몬드 원석은 테니스공만 한 크기의 1,190캐럿이라고 한다. "레세디 라 노나(우리의 빛)"라고 불리는 보석은 최저 예상가가 무려 820억 원이라고 한다.

나는 신이 우리 모두에게 다이아몬드 원석을 하나씩 다 주었다고 생각한다. 그 다이아몬드는 제각기 색깔이 다르고 생김새도 다르다. 어떤 사람에게는 푸른빛의 다이아몬드원석을 주었고, 어떤 사람에게는 붉은빛의 다이아몬드원석을 주었다. 세계에서 가장 비싸고 고급스러운 것으로 말이다.

하지만 자신이 가지고 있는 것이 다이아몬드인지도 모르고 무덤에 묻히는 사람이 있는 반면, '맞아, 나에게는 수백억 원의 다이아몬드원석이 있어.'라고 인생을 긍정적으로 사는 사람이 있다. 후자인 사람은 자신이 가지고 있는 다이아몬드를 매일 갈고닦고 세공해서 최상의 다이아몬드를 만든다. 그것을 나는 자기계발이라고 말하고 싶다.

'나는 가난하게 살아야지.', '나는 재능이 없어.'라고 생각하는 사람은 자신이 가지고 있는 다이아몬드의 가치가 얼마만큼 비싼지 모르는 것이다. '나는 성공할 것이다.', '많은 사람을 도와주는 메신저의 삶을 살 것이다.'라고 생각하는 사람은 비싼 가치의 다이아몬드와 같은 삶을 살게 될 것이다.

이 책은 다이아몬드를 사서 주는 책이 아니다. 자신이 가지고 있는 다이아몬드를 가공하는 법을 알려주는 책이다. 어떤 부분은 이렇게 세공을 하고, 이런 부분은 저렇게 세공을 하는지 상세하게 알려준다.

하지만 여러분을 대신해서 가공해주지는 않는다. 이 책은 단번에 대박을 터트려서 부자로 만들어주는 책이 아니다. 조금씩 꾸준히 노력하고 배우려는 자세로 공부하면 나중에는 반드시 부자의 길로 갈 수 있게끔 나침반 역할을 하는 책이다. 그럼으로써 매달 월급을 평생 받을 수 있게 해주는 책이다.

나는 동생의 다이아몬드를 가공할 때 2가지를 중요하게 생각하고 알려주었다.

첫 번째는 천천히 1~10단계까지 알아가라는 것이다.

1단계에서 바로 5단계로 가면 안 된다. 그럼 기초가 부족해 금방 무너진다. 1단계 다음에 2단계로 가야 한다. 가장 중요한 점은 배우는 사람의 의지다. 아무리 좋은 음식이 앞에 놓여 있어도 내가 먹고 싶다는 생각이 없고 그냥 쳐다만 보고 있다면 그 음식은 못 먹게 된다. 콜센터에서 성공하는 방법도 마찬가지다. 여기 가서 물어보고 저기 가서 물어보고 발품도 팔면서 비용도 투자라고 생각하고 치를 줄 알아야 한다.

두 번째는 친구를 가지치기하라는 것이다.

나무가 크게 성장하려면 가지치기를 해주어야 한다. 매년 봄과 가을이 되면, 주변 나무들의 가지를 쳐주는 이유도 그 때문이다. 나는 내 주변의 나에게 도움이 되지 않는 친구들에게는 미안하지만, 이들과의 연락을 조금씩 줄여나갔다. 그 대신 성공한 사람들의 책을 많이 읽었다.

내가 경험해보니 나의 성공을 바라는 친구는 별로 없다. 다들 배가 아파한다. 친구들을 만나 "○○○은 이렇게 해서 콜센터에서 억대 연봉을 받는데."라고 하면 99% 부정적인 말만 돌아온다. 인생의 성공에 관해 이야기하면 미친놈 취급을 받거나 왕따를 당하게 된다. "야, 술맛 떨어지는데 나가."라는 말을 듣게 된다. 내가 겪어본 바로는 그렇다. 그러한 이유로 내가 억대 연봉 상담사가 되기로 하면서 가장 먼저 한 것은 친구들 가지치기다.

미안한 이야기지만, 당신이 보험 콜센터에 입사하게 되면 가장 먼저 실망하는 것이 있다. 바로, 아무도 성공하는 방법을 알려주지 않는다는 것이다. 당신 속에 들어 있는 다이아몬드를 알아주는 사람은 한 명도 없다. 그것은 당연하다. 그들보다 잘하면 그들이 손해를 보기 때문이다.

나는 이런 병폐를 없애고 싶었다. 그래서 네이버카페 '한국텔레마케팅코칭협회'를 통해 많은 사람을 돕고 있다. 무직자의 취업부터 시험 공부법, 상담법까지 모조리 다 알려주고 있다. 그럼 나처럼 고생하지 않아도 쉽게 억대 연봉자가 될 수 있는 교육프로그램을 운영하고 있다. 그리고 유튜브에 '김우창 작가'를 치면 나의 방송을 볼 수도 있다. 이 모든 것은 여러분들을 위한 나의 작은 정원이라고 생각하자. 언제든지 환영한다. 댓글도 많이 달아주면 더 많은 도움을 주도록 하겠다.

내가 생각하는 '성공'은 그냥 하늘에서 뚝 떨어지는 것이 아니다. '하늘은 스스로 돕는 자를 돕는다.'라는 말이 있다. 여러분의 선택은

딱 2가지다. 주머니 속에 있는 수백억 원의 다이아몬드를 잘 다듬어서 가치를 높이든지, 아니면 그냥 창고에 처박아놓든지, 이것은 전적으로 여러분의 선택에 달려 있다. 여러분에게 어려움이 오고 좌절이 오고 힘든 삶이 연속으로 펼쳐질 때 이것 한 가지만 기억하라.

"당신의 주머니 속에는 다이아몬드가 있습니다."

아무쪼록 여기까지 읽어주어서 감사하다. 나는 당신의 성공을 응원한다. 비록 지금은 가진 것이 없고 힘들고 외롭다고 생각할 수도 있다. 하지만 이 책을 통해 곧 무지개를 보게 될 것이다. 당신은 무척 아름다운 보석을 주머니에 넣고 있으니까….

"건강, 행복, 평화, 풍요라는 생각을 선택하세요. 그럼 모든 관계에서 엄청난 이익이 돌아올 것입니다."

- 조셉 머피(Joseph Murphy)

억대 연봉 콜센터 팀장에게
자주 묻는 질문

1. 처음 보험 콜센터에 입사를 하면 100~200만 원을 준다고 들었는데, 맞나요?

네, 맞습니다. 보험 콜센터에 취업하시면 교육비라는 명목으로 약 100~200만 원의 수당을 받습니다(회사마다 조금씩 다름). 취업 면접에 합격하면 입사한 달 25일이나 30일에 입금이 됩니다. 단, 입사 후 교육 과정이 대부분 3~7일 정도로 진행되는데, 성실히 참석하고 학습해야 한다는 조건이 있습니다. 어떤 달에는 교육비를 최대 300만 원 주는 회사도 있습니다. 이런 점을 잘 활용한다면 취업, 재취업에 큰 도움을 받을 수 있습니다.

2. '보험 콜센터 경력지원비 최대 2,000만 원 지급'이라는 말을 본 적이 있는데, 무슨 뜻인가요?

경력지원비는 보험회사에서 우수인력을 충원하기 위해 만들어낸 제도입니다. 최고 3,000만 원까지 받는 상담원을 본적이 있습니다.

저도 1,800만 원까지 받아보았습니다. 회사마다 기준은 조금씩 다른데요. 예를 들면, 직전연봉의 10~30%까지 줍니다.

직전 연봉 1억 원 = 10% 1,000만 원
직전 연봉 1억 원 = 20% 2,000만 원
직전 연봉 1억 원 = 30% 3,000만 원

H라는 상담사는 경력지원비라고 해서 2,000만 원을 받고 입사했습니다. 일명 콜신이라고 하는 분이었는데, 열심히 하고 잘하면 스카우트 제의가 계속 들어옵니다. 서로 모셔가려 하고, 회사 대표이사가 직접 와서 격려해주기도 합니다. 여러분도 열심히 하면 이런 대우를 받으면서 일할 수 있습니다. 대부분의 보험 콜센터는 우수인력을 충원하기 위해 교육비, 경력지원비 등을 마구 풀어줍니다. 이 점을 알고 계시면, 일하는 데 큰 도움을 받을 수 있습니다. 보험 콜센터는 들어가서 조금만 노력하면, 최고의 대우를 받으면서 일할 수 있습니다.

3. 보험 콜센터는 장기간 근무할수록 100, 200, 300만 원씩 유지수당이 올라간다고 하는데, 맞나요?

네, 맞습니다. 보험사마다 조금씩 다른데, 평균적으로 유지수당 5~10% 정도를 12개월에 나누어서 줍니다. 이 유지수당을 합쳐서 한꺼번에 주는 경우도 있고, 12개월로 나누어서 주는 경우도 있습니다. 대부분 유지수당은 6차 월부터 발생이 됩니다. 더 쉬운 이해를 위해 예시를 들어보겠습니다.

예를 들어, 매달 100만 원씩 계약을 한다고 가정했을 때, 10%, 12개월로 준다고 가정 시(pom 월납 보험료의 500%(성과수당 + 신계약수당 등)를 받는다는 조건, 100% 유지된다고 가정할 때),

1차 월 100만 / 익월 급여 500만 원 + 유지수당 없음
2차 월 100만 / 익월 급여 500만 원 + 유지수당 없음
3차 월 100만 / 익월 급여 500만 원 + 유지수당 없음
4차 월 100만 / 익월 급여 500만 원 + 유지수당 없음
5차 월 100만 / 익월 급여 500만 원 + 유지수당 없음
6차 월 100만 / 익월 급여 500만 원 + 유지수당 없음
7차 월 100만 / 익월 급여 500만 원 + 1차 월 유지수당 10%(10만)
8차 월 100만 / 익월 급여 500만 원 + 1차 월 + 2차 월 유지수당 10%(20만)

9차 월 100만 / 익월 급여 500만 원 + 1차 월 + 2차 월 + 3차 월
유지수당 10%(30만)

10차 월 100만 / 익월 급여 500만 원 + 1차 월 + 2차 월 + 3차 월
+ 4차 월 유지수당 10%(40만)

11차 월 100만 / 익월 급여 500만 원 + 1차 월 + 2차 월 + 3차 월
+ 4차 월 + 5차 월 유지수당 10%(50만)

12차 월 100만 / 익월 급여 500만 원 + 1차 월 + 2차 월 + 3차 월
+ 4차 월 + 5차 월 + 6차 월 유지수당 10%(60만)

13차 월 100만 / 익월 급여 500만 원 + 1차 월 + 2차 월 + 3차 월
+ 4차 월 + 5차 월 + 6차 월 + 7차 월 유지수당 10%(70만)

14차 월 100만 / 익월 급여 500만 원 + 80만 원

15차 월 100만 / 익월 급여 500만 원 + 90만 원

16차 월 100만 / 익월 급여 500만 원 + 100만 원

17차 월 100만 / 익월 급여 500만 원 + 110만 원

18차 월 100만 / 익월급 여 500만 원 + 120만 원

이 유지수당은 회사마다 조건이 다릅니다. 유지수당을 아예 안 주
는 곳도 있는데, 그런 곳은 익월 지급되는 성과수당을 크게 줍니다.
먼저 땡겨서 크게 주는 곳도 있고, 나중에 더 주는 곳도 있어요. 어
디가 좋다고 말씀드리기는 애매하기에, 본인이 잘 판단하시면 됩니
다. 면접 시 꼭 물어봐야 할 부분이기도 합니다.

4. 보험 콜센터 취업은 누구나 할 수 있나요?

콜센터 입사에는 학력, 경력, 외모, 스펙이 필요 없습니다. 콜센터에서 억대 연봉을 받는 상위권 상담원들의 전직은 화려합니다. 짜장면 배달부, 식당 서빙, 자동차부품 배달원, 가정주부, 인터넷 판매원, 골프강사 등 굉장히 다양합니다.

대부분의 보험사들은 학력이 고등학교 졸업 이상만 되면 거의 받아줍니다. 어떤 분은 설계사였는데, 외근이 많았기에 나가서 직접 영업을 하시다가 지쳐서 들어오셔서 엄청 잘하십니다.

경력자분이 들어오시면 더 큰 실적을 올리실 수 있고, 경력이 없는 분들이 오시면 회사에서 좋아합니다. 경력이 없으신 분들은 가르쳐드리는 대로 하시기 때문에 장기적으로 근무하시는 분들이 많습니다. 경력자분들 중에는 나쁜 습관을 가지고 계신 분들도 있어 오히려 회사는 경력 없는 분들을 더 선호합니다.

5. 보험 콜센터는 아무 데나 입사해서 혼자 노력하면 성공할 수 있나요?

결론부터 말씀드리면, 멘토나 조언 없이 들어가면 매우 위험합니다. 성공한다고 해도 성공하는 데까지 시간이 오래 걸리고, 엄청 고생하게 됩니다. 초보 수당을 많이 준다고 해서 아웃바운드에 들어가면 위험합니다. 며칠 전에도 다른 보험사에서 계약이 안 나와 전화를 주신 분이 계신데요. 처음 콜을 하시는데 엉뚱하게 경력자들이 가는 곳에 입사해서 매우 고생하고 계셨습니다. 사실 그런 분들에게는 드릴 말씀이 없습니다. 그분에게 드릴 수 있는 말은 일일특강을 통해 과정 등록을 하고, 다시 회사를 선택하는 요령과 상담법 등을 배우라는 것뿐입니다. 초보가 아웃바운드에서 잘될 수도 있지만, 90%는 중도 탈락하게 됩니다. 그럼 시간 낭비, 돈 낭비 등 손해가 막심합니다.

그만큼 회사 선택이 중요합니다. 저희 '한국텔레마케팅코칭협회' 카페에서는 이런 부분을 잘 해결할 수 있도록 교육 프로그램이 마련되어 있습니다. 콜센터는 혼자 노력해서 잘되는 곳이 아닙니다. 세계적인 축구선수가 되려면 체계적인 트레이닝을 받는 것처럼 텔레마케팅 역시 잘 배워야 합니다. 자신에게 맞는 회사를 선택하는 것은 굉장히 중요합니다. 초보에게 맞는 회사를 선택해서 들어가서 실력을 키우고, 그 후에 수당을 많이 주는 곳으로 가야 합니다. 그 방법은 일일특강에서 자세히 설명해드립니다. 10년 배우는 것을 1년이면 마스터할 수 있습니다.

제1판 1쇄 2019년 12월 18일
제2판 1쇄 2026년 1월 21일

지은이 김우창
펴낸이 한성주
펴낸곳 ㈜두드림미디어
책임편집 최윤경
디자인 김진나(nah1052@naver.com)

㈜두드림미디어
등 록 2015년 3월 25일(제2022-000009호)
주 소 서울시 강서구 공항대로 219, 620호, 621호
전 화 02)333-3577
팩 스 02)6455-3477
이메일 dodreamedia@naver.com(원고 투고 및 출판 관련 문의)
카 페 https://cafe.naver.com/dodreamedia

ISBN 979-11-24026-16-8 (03320)

**책 내용에 관한 궁금증은 표지 앞날개에 있는 저자의 이메일이나
저자의 각종 SNS 연락처로 문의해주시길 바랍니다.**

책값은 뒤표지에 있습니다.
파본은 구입하신 서점에서 교환해드립니다.